《公路水运工程安全生产条件通用要求》解读

陈宗伟　张　宇　吴忠广　黄学文　苏新国　等　编著

人民交通出版社股份有限公司
北　京

内容提要

本书从《公路水运工程安全生产条件通用要求》(JT/T 1404—2022)标准内容出发,系统整理了标准各条款有关规定的来源和依据,针对公路水运工程施工现场安全管理当中存在的主要问题,以及事故易发多发部位与环节,对条文规定的原因目的、适用条件、实施要点等进行解读,结合典型事故案例及地区典型做法调研,对条文规定进行阐释,进一步增进读者对于标准内容的理解。

本书可作为公路水运工程建设、监理、施工等单位从业人员的参考书,也可供相关专业院校的师生学习参考。

图书在版编目(CIP)数据

《公路水运工程安全生产条件通用要求》解读 / 陈宗伟等编著. — 北京 : 人民交通出版社股份有限公司, 2022.6

ISBN 978-7-114-17916-7

Ⅰ.①公… Ⅱ.①陈… Ⅲ.①道路工程—安全生产—安全法规—法律解释—中国②航道工程—安全生产—安全法规—法律解释—中国 Ⅳ.①D922.545②D922.296.5

中国版本图书馆 CIP 数据核字(2022)第 067661 号

Gonglu Shuiyun Gongcheng Anquan Shengchan Tiaojian Tongyong Yaoqiu Jiedu

书　　名:《公路水运工程安全生产条件通用要求》解读
著 作 者:陈宗伟　张　宇　吴忠广　黄学文　苏新国　等
责任编辑:潘艳霞
责任校对:刘　芹
责任印制:刘高彤
出版发行:人民交通出版社股份有限公司
地　　址:(100011)北京市朝阳区安定门外外馆斜街 3 号
网　　址:http://www.ccpcl.com.cn
销售电话:(010)59757973
总 经 销:人民交通出版社股份有限公司发行部
经　　销:各地新华书店
印　　刷:北京市密东印刷有限公司
开　　本:720×960　1/16
印　　张:12.25
字　　数:216 千
版　　次:2022 年 6 月　第 1 版
印　　次:2022 年 6 月　第 1 次印刷
书　　号:ISBN 978-7-114-17916-7
定　　价:70.00 元
(有印刷、装订质量问题的图书,由本公司负责调换)

本书编制组

主　　任：陈宗伟　张　宇

副 主 任：吴忠广　黄学文　苏新国

编写人员：潘　硕　林明臻　黄泽超　吴林松　蔡如意

孙晓军　陈思文　武明章　楼重华　程巧建

井　爽　陈剑云　宋　迪　吴东亮　刘韶新

杨　飚　景彦平　尤　吉　田万利　闫志峰

肖　冰　贾书功　刘　学　王重阳　何明涛

朱国斌　林积大　何远义　高欣宇　李洪雨

统稿人员：吴忠广　潘　硕　费国新　林明臻　楼重华

前　言

“十四五”时期，我国交通运输基础设施建设进入高质量发展和服务水平提升的新阶段。交通运输行业以习近平新时代中国特色社会主义思想为指导，认真落实党中央、国务院关于安全生产工作决策部署，加强交通运输安全生产体系建设，推动提升行业本质安全水平。安全生产条件是构建安全生产体系的重要基础和保障。为有力推动公路水运工程安全生产条件相关要求落地，不断提高行业安全生产管理水平，交通运输部批准发布了行业标准《公路水运工程安全生产条件通用要求》(JT/T 1404—2022)(以下简称《条件》)。

为配合《条件》的学习、宣传，帮助读者准确把握标准定位、理解标准各项要求、促进标准落地实施，交通运输部科学研究院会同安徽省交通控股集团有限公司、中交第四航务工程局有限公司、辽宁省交通运输发展中心、辽宁省交通建设管理有限责任公司、广东省交通运输厅、浙江省交通工程管理中心、福建省交通建设质量安全中心七家单位编写了本书。

本书保持了《条件》标准原文的章节编号，通过条文解读的方式，深入阐释了条文内容与国家政策法规和技术标准的相关性，从原因、目的、现状问题等方面解读了条文规定的由来，对条文中未阐明的概念定义、实施要点、适用条件及相关规定进行补充说明。在编制过程中，编制组到全国具有代表性公路水运工程项目广泛进行调研，充分考虑不同省(区、市)的情况，并结合典型事故案例及地区经验对条文内容进行阐释。本书希望通过上述方式增进读者对条文规定的理解，推动条文要求的落地实施。

由于编者水平有限，书中内容难免有不足和疏漏之处，敬请读者在实践中加以修改完善，并提出宝贵的批评意见。

本书编制组
2022年4月

目　　录

1　范围

本文件规定了公路水运工程安全生产条件的基本要求，机构、人员与费用，安全管理制度，安全技术保障，应急管理，临时设施与设备，通用作业，公路工程，水运工程，特殊季节与特殊环境施工等要求。

本文件适用于公路水运工程新建、改建、扩建项目的施工安全生产管理。

【解读】　本条根据《标准化工作导则　第1部分：标准化文件的结构和起草规则》（GB/T 1.1—2020），对标准内容框架要素与适用范围进行规定。

2　规范性引用文件

下列文件中的内容通过文中的规范性引用而构成本文件必不可少的条款。其中，注日期的引用文件，仅该日期对应的版本适用于本文件；不注日期的引用文件，其最新版本（包括所有的修改单）适用于本文件。

GB 6722　爆破安全规程

GB 50194　建设工程施工现场供用电安全规范

GB 50720　建设工程施工现场消防安全技术规范

JTG/T 3650　公路桥涵施工技术规范

JTG F90　公路工程施工安全技术规范

JTS 205-1　水运工程施工安全防护技术规范

【解读】　本标准按照《标准化工作导则　第1部分：标准化文件的结构和起草规则》（GB/T 1.1—2020）要求，将直接引用的标准规范列入本章，将参考的《中华人民共和国安全生产法》（2021年6月10日　中华人民共和国主席令88号）、《公路水运工程安全生产监督管理办法》（交通运输部令2017年第25号）等法律法规、规章制度与其他相关标准列入参考文献。

3　术语和定义

3.1　从业单位　employment unit

从事公路水运工程建设、勘察、设计、施工、监理、试验检测、安全服务等工作的单位。

【解读】 本定义根据《公路水运工程安全生产监督管理办法》第三条规定制定,与其保持一致,进一步界定从业单位的定义范围。

《公路水运工程安全生产监督管理办法》第三条规定:"本办法所称公路水运工程,是指经依法审批、核准或者备案的公路、水运基础设施的新建、改建、扩建等建设项目。本办法所称从业单位,是指从事公路、水运工程建设、勘察、设计、施工、监理、试验检测、安全服务等工作的单位。"

3.2 安全生产条件 work safety conditions

从业单位为保障公路水运工程施工作业安全所需要的管理组织、制度、技术、人员、设备与环境等要素及其组合。

【解读】 安全生产条件是保障公路水运工程施工作业安全的基本要求,涵盖人、机、料、法、环五大基本要素,总体上包括法律法规的强制性要求和行业鼓励的发展方向。安全生产条件应贯穿于公路水运工程建设项目从设计、施工到交工全过程的安全生产管理工作当中,包括但不局限于:组织机构、人员素质、管理制度、资金投入、设计文件、施工方案、施工设施、机具设备、工程材料、工艺技术、施工程序、安全防护用品、作业环境等方面的要求。

3.3 安全生产管理体系 work safety management system

用于实现公路水运工程建设项目安全生产目标的管理体系。

注1:管理体系是组织用于建立方针和目标以及实现这些目标的过程的一组相互关联或相互作用的要素。

注2:管理体系要素包括项目机构设置、人员配备、安全管理制度、安全技术保障、应急管理、作业安全管理等。

[来源:GB/T 45001—2020,3.10,有修改]

【解读】 本定义根据《职业健康安全管理体系要求及使用指南》(GB/T 45001—2020)第3.10条和《交通运输部关于进一步加强交通运输安全生产体系建设的意见》(交安监发〔2022〕4号)规定制定。

3.10 管理体系 management system

组织用于建立方针和目标以及实现这些目标的过程的一组相互关联或相互作用的要素。

注1：一个管理体系可针对单个或多个领域。

注2：体系要素包括组织的结构、角色和职责、策划、运行、绩效评价和改进。

注3：管理体系的范围可包括：整个组织，组织中具体且可识别的职能或部门，或者跨组织的一个或多个职能。

注4：该术语和定义是《“ISO/IEC 导则　第1部分”的ISO补充合并本》附录SL所给出的ISO管理体系标准的通用术语和核心定义之一。为了澄清某些更广泛的管理体系要素，注2做了改写。

安全生产管理体系是为实现安全生产目标、落实全员安全生产责任制，由项目机构设置、人员配备、安全管理制度、安全技术保障、应急管理和作业安全管理等构成的一组相互关联的要素。

3.4 风险辨识　risk identification

发现、识别风险，并确定其特征和特性的过程。

【解读】 本定义改写自《公路工程施工安全技术规范》(JTG F90—2015)定义2.0.2。

风险辨识的本质是发现、识别和描述风险，一般包括工程资料的收集整理、施工现场地质水文条件和环境条件的调查(或补充勘察)、施工作业程序分解、施工作业可能发生的风险事件类型分析4个步骤。

3.5 风险评估　risk assessment

对潜在的风险进行辨识、分析、估测并提出控制措施的系列工作。

【解读】 本定义改写自《风险管理　术语》(GB/T 23694—2013)第4.4.1条和《公路水运工程施工安全风险评估指南》(JT/T 1375.1 ~ JT/T 1375.7)系列标准。

在《风险管理　指南》(ISO 31000:2018)的基础上，我国公路水运工程领域学者结合行业施工安全管理实际情况，在编制《公路水运工程施工安全风险评估指南》(JT/T 1375.1 ~ JT/T 1375.7)系列标准时，将风险控制纳入风险评估过程中，风险评估过程拓展为风险辨识、风险分析、风险估测与风险控制，通常简称为“辨、析、估、控”。在此种情况下，包括风险辨识、风险分析、风险估测与风险控制全过程的风险评估可称为广义的风险评估过程。

设计单位应当依据风险评估结论，对设计方案进行调整完善。施工阶段应体现风险评估的动态性，施工单位应根据施工阶段风险评估结论，完善施工组织设计，并根据地质、环境、工艺、设备、人员等的变化，重新开展风险评估。

3.6　事故隐患　accident potential

可能导致事故发生的人的不安全行为、物(环境)的不安全状态和管理上的缺陷。

[来源:JTG F90—2015,2.0.3]

【解读】　本定义改写自《公路工程施工安全技术规范》(JTG F90—2015)第2.0.3条。

> 《公路工程施工安全技术规范》(JTG F90—2015)第2.0.3条将事故隐患定义为"可能导致事故发生的人的不安全行为、物(环境)的不安全状态和管理上的缺陷"。

事故隐患分为重大事故隐患和一般事故隐患两类。重大事故隐患是指极易导致重特大安全生产事故,且整改难度较大,需要全部或者局部停产停业,并经过一定时间整改治理方能消除的隐患,或者因外部因素影响致使生产经营单位自身难以消除的隐患。一般事故隐患是指除重大隐患外,可能导致安全生产事故发生的隐患。

3.7　应急预案　contingency plan

为迅速、有序地开展应急行动,针对公路水运工程建设项目可能发生的事故(事件)情景预先制订的行动方案。

注:应急预案由项目综合应急预案、合同段施工专项应急预案和现场处置方案组成。

[来源:JTG F90—2015,2.0.4,有修改]

【解读】　本定义依据《公路工程施工安全技术规范》(JTG F90—2015)第2.0.4条修改。应根据《生产安全事故应急预案管理办法》(2019年6月24日　中华人民共和国应急管理部令第2号)《生产安全事故应急管理条例》(2019年2月17日　国务院令第708号)规定,结合本单位可能发生的事故情景,制定相应的应急预案。

项目应急预案体系包括项目综合应急预案、合同段施工专项应急预案和现场处置方案。对危险性较大工程与JT/T 1375确定的风险等级较大及以上作业活动,应组织编制合同段施工专项应急预案与现场处置方案。对风险等级较小及以下作业活动的合同段,可只编制现场处置方案。

项目综合应急预案是建设单位为应对项目可能发生的各种生产安全事故而制定的总体工作方案,应从总体上阐述项目应急领导机构、预警预防、应急联动、现场救援、应急资源调配等要求;合同段施工专项应急预案是施工单位为应对单位工程、分部分项工程施工中某一种或者多种类型的生产安全事故而制定的专项应对方案,重点规范应急组织机构以及应急救援处置程序和措施;现场处置方案是施工单位根据不同生产安全事故类型,针对具体部位、作业环节和设施设备等制定的应急处置措施,重点分析风险事件,规范应急工作职责、处置措施和注意事项,应突出班组自救互救与先期处置的特点。

3.8　两区三场　two districts and three factories

公路水运工程建设项目中的生活区、办公区和钢筋加工场、拌和场、预制场的统称。

【解读】　本标准中"场"意为场地,三场主要指项目工程建设当中临时设立的用于钢筋加工、混凝土拌和和构件预制工作的场所。部品质工程攻关行动的任务之一是"两区三厂"建设,此处的"厂"是引领"工厂化、标准化、智能化"建造的含义,与本术语的规定不矛盾。本标准涉及两区三场选址、规划、设计、建设、验收和运营等,为满足建设项目安全生产管理而设置相关要求。

4　基本要求

4.1　建设单位应严格执行基本建设程序,不应违反或者擅自简化基本建设程序。

【解读】　本条是关于建设单位加强基本建设程序执行的规定,依据《建设工程质量管理条例》(2019年4月23日　国务院令第714号)第五条和《公路水运工程安全生产监督管理办法》第二十八条规定制定。

《建设工程质量管理条例》第五条规定:"从事建设工程活动,必须严格执行基本建设程序,坚持先勘察、后设计、再施工的原则。"强调了基本建设程序的合法性。

《公路水运工程安全生产监督管理办法》第二十八条规定:"建设单位对公路水运工程安全生产负管理责任。依法开展项目安全生产条件审核,按规定组织风险评估和安全生产检查。根据项目风险评估等级,在工程沿线受影响区域作出相应风险提示。建设单位不得对勘察、设计、监理、施工、设备租赁、材料供应、试验检测、安全服务等单位提出不符合安全生产法律、法规和工程建设强制性标准规定的要求。不得违反或者擅自简化基本建设程序。不得随意压缩工期。工期确需调整的,应当对影响安全的风险进行论证和评估,经合同双方协商一致,提出相应的施工组织和安全保障措施。"

基本建设程序是指国家有关部门在规范性文件和有关法律、法规中规定的进行工程建设各项工作的工程建设程序，一般包括项目建议书、可行性研究、立项审批、规划审批、勘察、设计、施工、验收与交付。在上述程序中，勘察、设计、施工三个阶段与工程安全的关系密切。

近年来，一些单位违反基本建设程序，搞边勘察、边设计、边施工的“三边工程”，因地质情况未查清、盲目设计，或因施工图纸不齐、盲目施工，从而引发质量安全事故的案例很多。本条内容坚持问题导向，针对公路水运工程建设生产活动中出现的违反或擅自简化基本建设程序的现象，强调项目建设单位安全生产管理责任。

典型案例——

事故简要情况：2019年12月30日15时左右，某公路隧道在施工过程中发生断面塌方，事故发生时6名工人正在隧道内进行掌子面处的支护作业，由于作业位置较深未能及时逃出隧道，导致几名工人不幸死亡。

事故主要原因：建设单位违反基本建设程序要求，在未取得地勘资料的情况下组织施工。在隧道爆破开挖后，顶部溶洞临空的情况下，施工作业人员没有严格按照施工工艺流程及时进行初喷、没有施作系统锚杆、没有挂钢筋网片，违章冒险作业。

4.2　勘察/设计单位应提供真实准确的勘察设计文件，开展设计安全风险评估工作。

【解读】　本条是关于勘察、设计单位质量责任与义务的规定，依据《建设工程质量管理条例》第十九条、第二十条以及《公路水运工程安全生产监督管理办法》第二十四条规定制定。

《建设工程质量管理条例》第十九条规定：“勘察、设计单位必须按照工程建设强制性标准进行勘察、设计，并对其勘察、设计的质量负责”；第二十条规定：“勘察单位提供的地质、测量、水文等勘察成果必须真实、准确。”

《公路水运工程安全生产监督管理办法》第二十四条规定：“公路水运工程建设应当实施安全生产风险管理，按规定开展设计、施工安全风险评估。设计单位应当依据风险评估结论，对设计方案进行修改完善。施工单位应当依据风险评估结论，对风险等级较高的分部分项工程编制专项施工方案，并附安全验算结果，经施工单位技术负责人签字后报监理工程师批准执行。必要时，施工单位应当组织专家对专项施工方案进行论证、审核。”

（一）工程勘察是通过测量、观察、调查、试验、测试、鉴定、分析和评价等手段，查明场地的地形、地貌、地质、岩性、水文等情况，提出基础、边坡等工程的设计准则和工程施工的指导意见，并提出解决岩土工程问题的建议。近年来，随着公路水运工程建设规模不断增大，设计任务急剧增加，设计周期相对集中，勘察设计工作当中暴露出一些问题，主要表现在地勘深度和精度不足、地勘工作量不够、勘察与设计脱节、勘察成果不能准确指导设计方案等方面。在工程建设过程中，由于地勘问题引起工程变更，甚至出现设计超前于勘察等违反基本建设程序的现象，严重危及建设工程质量安全。

工程勘察工作是建设工程的基础工作，勘察文件是建设项目设计、施工的基础资料和重要依据，其准确性、科学性极大地影响着建设项目的规划、选址和设计，因此要求勘察文件必须真实准确、安全可靠、经济合理。设计单位应根据勘察文件进行建设工程设计，并且设计文件应符合国家规定的设计深度要求。

（二）为加强公路桥梁和隧道工程安全管理，增强安全风险意识，优化工程建设方案，提高工程建设和运营安全性，2010 年经部研究决定在初步设计阶段对公路桥梁和隧道工程方案实行安全风险评估制度，并印发了《关于在初步设计阶段实行公路桥梁和隧道工程安全风险评估制度的通知》（交公路发〔2010〕175 号）。

初步设计阶段公路桥梁和隧道工程安全风险评估作为设计内容，由承担初步设计任务的设计单位负责，并组织专门人员开展评估工作，按要求提交风险评估报告。设计单位也可委托其他具有公路行业设计甲级资质的单位承担风险评估工作；项目法人（业主）应组织有关专家对评估报告进行评审。根据评审结论，由设计单位对初步设计方案进行修改和完善；当评估结论为极高风险时，应对初步设计方案重新论证；省级交通运输主管部门在组织初步设计文件预审时，应同时对安全风险评估报告进行评审。在批复预审意见中，应包括对安全风险评估报告的评审意见；设计单位应根据批复的预审意见，进一步完善初步设计文件。

设计安全风险评估的主要方法与步骤包括：①通过对类似结构工程的安全风险发生情况的调查，以及专家的现场或书面调查，在研究分析设计、施工、运营阶段可能发生安全风险诱因的基础上，确定关键风险源及次要风险源；②采用定性与定量相结合的方法，对风险源的风险发生概率及损失进行分析和评估，确定其发生的可能性及严重程度；③根据已确定的风险发生概率等级和风险损失等级，按照《公路桥梁和隧道工程设计安全风险评估指南》中风险等级确定的相关要求，确定安全风险等级；④针对不同的安全风险等级，研究提出相应的应对措施。

典型案例1——

事故简要情况：2019年11月26日，某在建高速公路隧道发生涌水突泥事故，共造成12人死亡、10人受伤，直接经济损失2525.01万元。经勘验，查明在灾害点上方存在一囊状形态的含水隐伏破碎带。其上部与地表附近的节理裂隙联系紧密，地表覆盖层较厚，植被较发育，难以发现。下部接近隧道开挖区域存在完整性相对较好的隧道顶板围岩，采用现行公路建设技术标准、超前水平探孔难以发现。

事故主要原因：勘察设计单位在勘察设计阶段（初、详勘阶段）未按《公路工程地质勘察规范》（JTG C20—2011）要求对隧址区开展专项区域水文地质调绘工作，编制的《工程地质勘察工作大纲》（初、详勘阶段）未经项目建设管理单位批准，隧道设计中所依据的地质勘察资料未经项目建设管理单位专项验收。施工技术交底报告中未见涌水突泥风险的交底内容。

典型案例2——

事故简要情况：2014年12月29日，某路基高边坡在施工过程中，坡体局部突然坍塌，造成施工作业人员被滑坡体掩埋。本次事故共造成5人死亡，直接经济损失约570.11万元。

事故主要原因：因现场勘察和监测工作不够完善，施工单位在路基工程高边坡施工过程中未能及时发现和报告坡体局部不良地质，未能及时调整施工方案；对事故发生前连续多日降雨重视不够，未能谨慎地评估和防范降雨风险，应对处置措施不足。

4.3 建设单位应在招标文件中载明项目安全生产管理目标、安全生产职责、安全生产信用情况、安全生产费用及安全生产管理人员配备等安全生产管理的相关要求。

【解读】 本条是关于招标文件中有关安全生产管理内容要素的相关要求，依据《公路水运工程安全生产监督管理办法》第十三条规定制定。

《公路水运工程安全生产监督管理办法》第十三条规定："公路水运工程施工招标文件及施工合同中应当载明项目安全管理目标、安全生产职责、安全生产条件、安全生产信用情况及专职安全生产管理人员配备的标准等要求。"

施工招标文件是工程建设项目前期的纲领性文件，应规定项目总体安全生产目标和要求,明确建设单位对建设项目的安全生产管理责任,充分体现法律、经济、市场、社会和行政等各种管理要求,合理引导对施工安全生产要素和合同履约过程的考核管理。

4.4 建设单位、监理单位与施工单位应根据项目安全生产管理目标、安全风险特点、工程建设规模以及合同要求等建立健全安全生产管理体系,并保证其有效运行。

【解读】 本条是关于从业单位建立健全安全生产管理体系的规定,依据《职业健康安全管理体系要求及使用指南》(GB/T 45001—2020)第3.11条规定制定。

《职业健康安全管理体系要求及使用指南》(GB/T 45001—2020)第3.11条将职业健康安全管理体系定义为:"用于实现职业健康安全方针的管理体系或管理体系的一部分。

注1:职业健康安全管理体系的目的是防止对工作人员的伤害和健康损害,以及提供健康安全的工作场所。

注2:职业健康安全(OH&S)与职业安全健康(OSH)同义。"

为进一步加强交通运输安全生产体系建设,夯实加快建设交通强国基础,切实保障人民群众生命财产安全,部从建立安全改革发展体系、完善安全责任体系、健全依法治理体系、完善双重预防体系、强化基础保障体系、培育安全文化体系、完善国际交流合作体系等方面,提出构建制度更加完善、运行更加可靠、保障更加有力的安全生产体系。

当前,我国保障施工安全的技术、人员、设备及管理制度等具体措施方面差异较大,导致在实际生产当中安全管理体系运行不畅,主要表现在:①在管理过程中常常表现出碎片化的经验管理模式,安全管理体系构建不全面,不能有效从根源上解决安全方面的问题;②未能结合自身实际构建起适合自身企业的安全管理体系,存在安全管理体系与实际管理脱节,导致安全管理混乱;③未能将国家和行业的新标准、新要求及时融入自身企业的安全生产管理体系,安全生产管理体系更新完善不及时,致使安全体系运行效果不佳、安全管理效果较差等。

本条体现了从业单位对于安全生产管理工作的主体责任,着力于安全生产的目标管理和合同管理。安全生产管理体系应以安全生产相关法律、法规、制度文件的要求为基本依据,围绕安全生产方针、目标,按照"分工负责、分级管理、逐级制定,层层落实"的原则制定,并应突出动态运行特征。安全生产管理体系建立的步骤主要包括:①确立安全生产管理目标,制定安全工作计划;②建立安全生产责任体系,落实层级安全管理职责,签订安全生产责任书;③建立安全生产管理制度；④建立管理体系评审、改进机制，制定内部审核计划及相应的整改措施等。此外，还应通过以下方式持续改进安全生产管理体系：①提高安全生产绩效；②促进支持安全生产管理体系的文化建设；③促进相关人员参与安全生产管理体系持续改进措施的实施；④就有关持续改进的结果与相关人员及其代表（若有）进行沟通；⑤保持和保留文件化信息作为持续改进的证据。

4.5　建设项目应保证合理施工工期，任何单位不应随意压缩工期。确需调整的，应对影响安全的风险进行论证或评估，提出有效的安全保障措施。

【解读】　本条是关于保障建设项目合理施工工期的规定，依据《建设工程安全生产管理条例》（2003 年 11 月 24 日　国务院令第 393 号）第七条和《建设工程质量管理条例》第十条规定制定。

《建设工程安全生产管理条例》第七条规定："建设单位不得对勘察、设计、施工、工程监理等单位提出不符合建设工程安全生产法律、法规和强制性标准规定的要求，不得压缩合同约定的工期。"

《建设工程质量管理条例》第十条规定："建设工程发包单位不得迫使承包方以低于成本的价格竞标，不得任意压缩合理工期。建设单位不得明示或者暗示设计单位或者施工单位违反工程建设强制性标准，降低建设工程质量。"

合理工期的确定是根据正常施工的要求，从建设项目正式开工起至完成全部设计内容，达到验收标准，建成投产所经历的全部时间。合理工期应以工期定额为基础，综合考虑季节、地域、施工对象和施工方法等因素的影响，结合工程具体情况确定。判断工期是否合理的关键是在保证公路水运工程施工质量和生产安全的前提下，使从业单位都获得满意的经济效益。确需调整工期时，应当组织专家对安全技术措施进行论证、对安全风险开展评估，提出有效的质量安全保障措施。

建设项目简化施工程序、降低质量要求、压缩合同工期，极易导致生产安全事故发生。《建设工程安全生产管理条例》第五十五条对于压缩合同约定工期规定了相应的法律责任，其目的就是保证工程建设稳步进行，也有利于在出现事故时正确区分责任。

典型案例——

事故简要情况：2007 年 8 月 13 日 16 时 45 分左右，湖南省凤凰县正在建设的堤溪沱江大桥发生特别重大坍塌事故，造成 64 人死亡、4 人重伤、18 人轻伤,直接经济损失3974.7万元。大桥全长328.45m,桥面宽度13m,设3%纵坡,桥型为4孔65m跨径等截面悬链线空腹式无铰拱桥。大桥桥墩高33m,且为连拱石拱桥。事故发生时,大桥腹拱圈、侧墙的砌筑及拱上填料已基本完工,拆架工作接近尾声,计划于8月底完成大桥建设所有工程,9月20日竣工通车。

事故主要原因:建设单位项目管理混乱,对发现的施工质量问题未认真督促施工单位整改,未经设计单位同意擅自与施工单位变更原主拱圈设计施工方案,为献礼盲目倒排工期赶进度,越权指挥,甚至要求监理不要上桥检查;施工单位项目经理部盲目赶工期,擅自变更原主拱圈施工方案,主拱圈施工不符合规范要求,在主拱圈未达到设计强度的情况下就开始落架施工作业。

4.6 建设单位与施工单位及监理单位,施工单位与分包单位应在合同或安全生产协议中明确各方的安全生产责任和义务,履行各自的安全生产责任。

【解读】 本条是关于明确从业单位安全生产责任的规定,依据《建设工程安全生产管理条例》第二十四条规定和《公路水运工程安全生产监督管理办法》第十三条、第三十四条规定制定。

《建设工程安全生产管理条例》第二十四条规定:"建设工程实行施工总承包的,由总承包单位对施工现场的安全生产负总责。总承包单位应当自行完成建设工程主体结构的施工。总承包单位依法将建设工程分包给其他单位的,分包合同中应当明确各自的安全生产方面的权利、义务。总承包单位和分包单位对分包工程的安全生产承担连带责任。分包单位应当服从总承包单位的安全生产管理,分包单位不服从管理导致生产安全事故的,由分包单位承担主要责任。"

《公路水运工程安全生产监督管理办法》第十三条规定:"公路水运工程施工招标文件及施工合同中应当载明项目安全管理目标、安全生产职责、安全生产条件、安全生产信用情况及专职安全生产管理人员配备的标准等要求。"第三十四条规定:"建设工程实行施工总承包的,由总承包单位对施工现场的安全生产负总责。分包单位应当服从总承包单位的安全生产管理,分包单位不服从管理导致生产安全事故的,由分包单位承担主要责任。"

公路水运工程建设活动的特殊性决定了参与建设活动的主体众多,虽然建设工程安全生产的重点是施工现场,但与施工活动密切相关的单位却不少,它们的活动都影响着施工安全。因此,有必要对所有参与工程建设施工活动有关单位的安全责任作出明确规定。合同是签约各方安全生产权利与义务的划分依据,对于各签订方承担的工程任务、工期、款项、质量责任、安全责任等都要依法作出明确约定,这是各方进行工程施工和管理的依据,也是确定相应责任的依据。本条强调了安全生产责任的合同管理,要求参与工程建设活动的众多主体依据合同或安全生产协议承担建设工程安全生产责任。

建设单位应当与勘察、设计、施工、监理以及其他从业单位在合同中明确工程施工安全目标、施工安全责任和要求,加强从业单位履约管理,督促施工、监理、试验检测等从业单位项目主要负责人到岗履职,组织开展施工安全检查,督促有关单位及时整改施工安全问题。

典型案例——

事故简要情况:2019 年 7 月 18 日,某国道一级公路改扩建工程大桥架桥机在作业过程中突然发生解体倾覆,造成 5 人死亡、4 人重伤、3 人轻伤的较大事故,直接经济损失约 1295.3 万元。经调查,项目施工单位与分包单位就大桥混凝土箱梁架设施工仅达成口头协议,而未签订安全生产管理协议,对相关安全生产责任和义务均未作明确规定和要求;至事故发生时,签订的工程分包合同尚未完成分包单位内部的审查流程。

事故主要原因:建设项目参建单位安全生产主体责任不落实。项目施工单位未与分包单位签订安全生产管理协议,未对架梁作业危险区域进行严格警戒和有效管控,大量无关人员违规进入架梁作业危险区域,导致事故后果扩大。

4.7　从事公路水运工程建设项目施工活动的施工单位,应取得相应资质证书及安全生产许可证,且均应在有效期内。

【解读】　本条是关于施工单位应取得相关资质证书及安全生产许可证的要求,依据《安全生产许可证条例》(2014 年 7 月 29 日　国务院令第 397 号)、《中华人民共和国建筑法》(2019 年 4 月 23 日　中华人民共和国主席令第 29 号)、《公路水运工程安全生产监督管理办法》第十四条规定制定。

《公路水运工程安全生产监督管理办法》第十四条规定："施工单位从事公路水运工程建设活动，应当取得安全生产许可证及相应等级的资质证书。施工单位的主要负责人和安全生产管理人员应当经交通运输主管部门对其安全生产知识和管理能力考核合格。"

施工单位从事公路水运工程的新建、改建、扩建等活动，应依法取得安全生产许可证和相应等级的资质证书，相关资质类别包括公路工程施工等总承包资质，以及地基基础工程、公路路面工程、桥梁工程、隧道工程、公路交通工程等专业承包资质。施工单位的资质等级是其项目业绩、人员素质、管理水平、资金投入和技术装备等综合实力的体现。

《安全生产许可证条例》第六条规定："企业取得安全生产许可证，应当具备下列安全生产条件：(一)建立、健全安全生产责任制，制定完备的安全生产规章制度和操作规程；(二)安全投入符合安全生产要求；(三)设置安全生产管理机构，配备专职安全生产管理人员；(四)主要负责人和安全生产管理人员经考核合格；(五)特种作业人员经有关业务主管部门考核合格，取得特种作业操作资格证书；(六)从业人员经安全生产教育和培训合格；(七)依法参加工伤保险，为从业人员缴纳保险费；(八)厂房、作业场所和安全设施、设备、工艺符合有关安全生产法律、法规、标准和规程的要求；(九)有职业危害防治措施，并为从业人员配备符合国家标准或者行业标准的劳动防护用品；(十)依法进行安全评价；(十一)有重大危险源检测、评估、监控措施和应急预案；(十二)有生产安全事故应急救援预案、应急救援组织或者应急救援人员，配备必要的应急救援器材、设备；(十三)法律、法规规定的其他条件。"

企业进行生产前，应当依照《安全生产许可证条例》第七条的有关规定向安全生产许可证颁发管理机关申请领取安全生产许可证，并提供《安全生产许可证条例》第六条规定的相关文件、资料。安全生产许可证颁发管理机关应当自收到申请之日起45日内审查完毕，经审查符合本条例规定的安全生产条件的，颁发安全生产许可证；不符合规定安全生产条件的，不予颁发安全生产许可证，书面通知企业并说明理由。安全生产许可证的有效期为3年。安全生产许可证有效期满需要延期的，企业应当于期满前3个月向原安全生产许可证颁发管理机关办理延期手续。

对近年来发生的公路水运工程生产安全事故进行分析发现，部分施工单位存在资质租用、租借、挂靠等现象，导致工程施工存在事故隐患。因此，在对施工单位进行资质条件审核时，应强调其必须具备相应的资质证书。

典型案例——

事故简要情况：2021 年 7 月 25 日 8 时 2 分左右，某公路大桥施工段右幅 165～166 号墩边跨梁发生箱梁垮塌事故，造成 4 人死亡、1 人失踪。

事故主要原因：项目施工单位违法转包全部中标工程、进行劳务分包，劳务单位无相关资质证书，安全生产能力水平不足，违规冒险作业，导致事故发生。

4.8 建设单位与监理单位应开展项目安全生产条件审核，施工单位应开展合同段安全生产条件自查自纠及平安工地建设自我评价。

【解读】 本条是关于从业单位安全生产条件审核及自查自纠的要求，依据《公路水运工程平安工地建设管理办法》（交安监发〔2018〕43 号）第十三条、第十五条和《公路水运工程安全生产监督管理办法》第二十八条规定制定。

《公路水运工程平安工地建设管理办法》第十三条规定："合同段开工后到交工验收前，施工单位应当按照《公路水运工程平安工地建设考核评价指导性标准》要求，每月至少开展一次平安工地建设情况自查自纠，及时改进安全管理中的薄弱环节；每季度至少开展一次自我评价，对扣分较多的指标及反复出现的突出问题，应当采取针对性措施加以完善。施工单位自我评价报告应报监理单位。"第十五条规定："建设单位应当按照《公路水运工程平安工地建设考核评价指导性标准》要求，在项目开工前组织安全生产条件审核，每半年对项目所有施工、监理合同段组织一次平安工地建设考核评价，对自身安全管理行为进行自评，建立相应考核评价记录并及时存档。"

《公路水运工程安全生产监督管理办法》第二十八条规定："建设单位对公路水运工程安全生产负管理责任。依法开展项目安全生产条件审核，按规定组织风险评估和安全生产检查。"

施工单位是公路水运工程建设项目安全生产管理的实施主体，应严格按照《公路水运工程平安工地建设管理办法》等相关法律法规的规定，定期开展合同段安全生产条件自查自纠及平安工地建设自我评价，确保项目安全生产条件满足相关要求。

建设单位是公路水运工程建设项目安全生产管理的考核评价主体，应在项目开工前组织安全生产条件审核；监理单位应当审核施工项目安全生产条件，审查施工组织设计中安全措施和专项施工方案。安全生产条件审核包括工程项目开工前和危险性较大的分部分项工程施工前的安全生产条件审核两阶段。监理单位在实施监理过程中,发现存在安全事故隐患的,应当要求施工单位整改;情节严重的,应当下达工程暂停令,并及时报告建设单位。施工单位拒不整改或者不停止施工的,监理单位应当及时向有关主管部门书面报告,并有权拒绝计量支付审核。

典型案例——

事故简要情况:2021年7月20日,某地铁5号线04502次列车行驶至海滩寺站至沙口路站上行区间时遭遇涝水灌入、失电迫停,经疏散救援,953人安全撤出、14人死亡。调查认定,由极端暴雨引发严重城市内涝,涝水冲毁停车场挡水围墙、灌入地铁隧道,地铁方和有关方面应对处置不力、行车指挥调度失误,违规变更停车场设计、对挡水围墙建设质量把关不严,造成重大人员伤亡的责任事件。

事故主要原因:地铁方擅自变更设计,未上报发改委审核,不符合工程项目开工前安全生产条件核查要求;设计单位违规向施工单位提供白图,施工图设计未经审批;地铁方违规同意采用白图施工,施工单位违规采用白图施工,质监站未发现问题和缺陷,并出具了工程质量验收合格的监督意见,严重违反相关单位安全生产条件审核要求。

4.9　两个以上施工单位在同一作业区域进行施工,可能危及对方安全生产的,应书面明确各自职责和应采取的安全措施。

【解读】　本条规定了多个单位在同一作业区域施工的安全要求,依据《中华人民共和国安全生产法》第四十八条规定制定。

《中华人民共和国安全生产法》第四十八条规定:“两个以上生产经营单位在同一作业区域内进行生产经营活动,可能危及对方生产安全的,应当签订安全生产管理协议,明确各自的安全生产管理职责和应当采取的安全措施,并指定专职安全生产管理人员进行安全检查与协调。”

在公路水运工程施工过程中时常存在两个及以上施工单位在同一作业区域内进行施工作业活动的情况。此时,一个施工单位施工作业安全保障水平的高低,不仅关系着本单位施工作业人员的人身和财产安全,还可能对其他施工单位的安全生产活动产生不利影响。因此,要求在同一作业区域内进行施工作业的施工单位之间进行安全生产方面的协作,共同加强安全生产管理。

签订并执行安全生产管理协议是工程建设当中最为常见的一类协作形式,通过书面协议互相告知本单位生产特点、作业场所存在的危险因素、自身安全措施及事故应急措施,并明确各自的安全生产管理职责和应采取的安全措施,如:双方进行每一项施工任务前,应对作业人员进行书面安全交底,交底内容要含有交叉作业安全事项,作业时要有安全管理人员监督检查。及时纠正违章作业,遏制安全事故发生;双方施工过程中某项施工作业可能给对方造成安全生产事故的或者人身伤害的,应采取安全技术措施并在施工前告知对方,施工过程中必须有专职安全生产管理人员现场进行监督协调。

典型案例1——

事故简要情况:2019年7月15日上午10点50分左右,某公路工程在进行装载作业时,发生机械车辆翻倒事故,造成1名工人死亡。经调查,事故发生时A公司翻斗车在B公司抓机作业半径内进行停车卸货作业,翻斗车司机在翻斗车满载的情况下,将液压缸升到最高处,车辆的重心处于高位,极不稳定;抓机司机用抓手调整卡在翻斗车后篓的压块,导致翻斗车受力不均,造成翻斗车侧翻。

事故主要原因:两公司在同一作业区域作业,互相可能危及对方安全,但双方未签订安全生产管理协议,在交叉作业中未明确各自的安全生产管理职责和应当采取的安全措施,也未指定专职安全生产管理人员进行沟通与协调。

典型案例2——

事故简要情况:2021年6月27日12时20分左右,某高速公路隧道施工的A公司运输沥青车辆在通过隧道K14+450处,与正在隧道内安装作业的B公司登高作业车第一节曲臂相撞,导致停靠在右侧车道的作业车移位,作业车上吊篮与隧道壁发生碰撞严重变形,造成登高作业车上施工作业人员1人死亡,直接经济损失约200万元。

事故主要原因:两个施工单位在同一作业区域同时进行工程施工作业,未签订安全生产管理协议,未明确各自的安全管理职责和应当采取的安全措施,未指定专职安全生产管理人员进行安全检查与协调。

4.10 涉及跨越公路、铁路、航道、管道等建设项目,应明确施工单位、相关管理部门或权属单位各方的安全生产管理职责和应采取的安全保障措施。

【解读】 本条是关于跨线工程安全生产管理职责及安全保障措施的规定。依据《中华人民共和国安全生产法》第四十八条、《公路安全保护条例》(2011年3月7日　国务院令第593号)第二十七条、《铁路运输安全保护条例》(2004年12月22日　国务院令第430号)第二十三条和《中华人民共和国航道管理条例》(2008年12月27日　国务院令第545号)第十四条,并结合公路水运工程建设安全风险特点制定。

《中华人民共和国安全生产法》第四十八条规定:"两个以上生产经营单位在同一作业区域内进行生产经营活动,可能危及对方生产安全的,应当签订安全生产管理协议,明确各自的安全生产管理职责和应当采取的安全措施,并指定专职安全生产管理人员进行安全检查与协调。"

《公路安全保护条例》第二十七条规定:"进行涉路施工活动,建设单位应当向公路管理机构提出申请。"

第二十八条规定:"申请进行涉路施工活动的建设单位应当向公路管理机构提交下列材料:(一)符合有关技术标准、规范要求的设计和施工方案;(二)保障公路、公路附属设施质量和安全的技术评价报告;(三)处置施工险情和意外事故的应急方案。

公路管理机构应当自受理申请之日起20日内作出许可或者不予许可的决定;影响交通安全的,应当征得公安机关交通管理部门的同意;涉及经营性公路的,应当征求公路经营企业的意见;不予许可的,公路管理机构应当书面通知申请人并说明理由。"

《铁路运输安全保护条例》第二十三条规定:"跨越、穿越铁路线路、站场,架设、铺设桥梁、人行过道、管道、渡槽和电力线路、通信线路、油气管线等设施,或者在铁路线路安全保护区内架设、铺设人行过道、管道、渡槽和电力线路、通信线路、油气管线等设施,涉及铁路运输安全的,按照国家有关规定办理;没有规定的,由建设工程项目单位与铁路运输企业协商,不得危及铁路运输安全。实施前款工程的施工单位应当遵守铁路施工安全规范,不得影响铁路行车安全及运输设施安全。工程项目设计、施工作业方案应当通报铁路运输企业。铁路运输企业应当派员对施工现场实行安全监督。"

《中华人民共和国航道管理条例》第十四条规定:"修建与通航有关的设施或者治理河道、引水灌溉,必须符合国家规定的通航标准和技术要求,并应当事先征求交通主管部门的意见。违反前款规定,中断或者恶化通航条件的,由建设单位或者个人赔偿损失,并在规定期限内负责恢复通航。"第三十条规定:"与通航有关的设施是指对航道的通航条件有影响的闸坝、桥梁、码头、架空电线、水下电缆、管道等拦河、跨河、临河建筑物和其他工程设施。”

跨线施工属于危险性较大的分部分项工程，施工单位在开展跨越公路、铁路、航道、管道等建设项目时应在施工前与相关管理部门明确各自的安全生产管理职责和应当采取的安全措施，并对安全生产条件进行核查。施工安全保障措施主要包括组织保障、技术措施、应急预案、监测监控等方面的内容。

典型案例——

事故简要情况：2019年1月7日17时15分左右，某公路改扩建工程在施工过程中多次损坏燃气管道，导致破损燃气持续泄漏，结果发生爆燃事故，并最终导致1人死亡、2人受伤。

事故主要原因：该项目施工单位与相关管理部门在施工前未进行有效沟通，部门联动机制不到位，没有形成统一的管道周边施工安全监管平台。同时，施工安全管理不到位，未采取有效的安全保障措施保护管道设施安全。

4.11 从业单位采用新工艺、新技术、新材料、新结构或者使用新设备，应了解、掌握其安全技术特性，并提出保障施工作业人员安全和预防生产安全事故的要求。

【解读】 本条规定了“四新”应用的安全要求，依据《中华人民共和国安全生产法》第二十九条规定制定。

《中华人民共和国安全生产法》第二十九条规定：“生产经营单位采用新工艺、新技术、新材料或者使用新设备，必须了解、掌握其安全技术特性，采取有效的安全防护措施，并对从业人员进行专门的安全生产教育和培训。”

在生产实践中，随着我国科学技术的快速发展以及引进国外先进技术和设备的增加，越来越多的新工艺、新技术、新材料或者新设备被广泛应用于工程建设当中，这对于促进公路水运工程从业单位工程建设效率、提高工程质量具有重要意义；但另一方面，因从业单位对所采用的新工艺、新技术、新材料或者使用的新设备了解不足，对其安全特性掌握得不够充分，而没有采取必要的安全防范措施或处理措施，导致安全生产事故、造成损失的情况时有发生。

因此，从业单位在应用新工艺、新技术、新材料和新设备前，必须了解、掌握其安全技术特性,材料及设备构成,工艺、技术原理和设备操作规程;掌握其应用过程中可能产生的危险因素的性质、可能产生的危害后果、预防措施以及处理方式等事项,并在有关文件中做特殊说明,提出安全操作与应用。必要时还应编制专项施工方案并按规定开展安全技术交底。

典型案例——

事故简要情况:2020年3月30日22时10分,某公司罐车作业发生中毒窒息事故,造成2人死亡。

事故主要原因:该公司特种车辆调度室准备作业使用的压缩气体由压缩空气更换为氮气,在采用氮气新工艺进行作业前,未组织辨识使用氮气进行作业各环节的安全风险,未专门组织对作业人员进行安全生产教育和培训,未详细告知作业人员存在的危险因素以及事故防范和应急处置措施,且未根据新工艺及时修订完善作业岗位的安全操作规程。2名作业人员在进入车槽罐作业前,未采取通风措施和氧含量检测,导致2人在进入罐体后因缺氧发生窒息。

4.12 施工单位不应使用应当淘汰的、危及安全生产的施工工艺、设备和材料。

【解读】 本条强调了对于安全生产施工工艺、设备和材料使用的相关要求,依据《公路水运工程安全生产监督管理办法》第二十条规定和《公路水运工程淘汰危及生产安全施工工艺、设备和材料目录》(2020年第89号)规定制定。

> 《公路水运工程安全生产监督管理办法》第二十条规定:"对严重危及公路水运工程生产安全的工艺、设备和材料,应当依法予以淘汰。交通运输主管部门可以会同安全生产监督管理部门联合制定严重危及公路水运工程施工安全的工艺、设备和材料的淘汰目录并对外公布。"

2020年10月,交通运输部会同应急管理部发布了《公路水运工程淘汰危及生产安全施工工艺、设备和材料目录》(以下简称《目录》),按通用、公路和水运三部分明确了29项拟淘汰的危及生产安全施工工艺、设备、材料。

《目录》拟淘汰的危及生产安全施工工艺、设备和材料,是指不符合技术进步与行业发展方向,存在危及公路水运工程结构安全耐久、施工作业安全和环境生态安全等问题,且有成熟可替代的技术和措施的,根据其危险性程度大小,结合市场实际,对其应用范围、条件加以限制使用或者全面禁止。

典型案例——

事故简要情况:2008年7月8日,某大桥引桥人工挖孔桩施工过程中,料斗在提升过程中晃动,导致碎石突然掉落,砸在孔井底部作业的工人甲头部,该工人经抢救无效死亡。

事故主要原因:传统的人工挖孔桩出渣形式采用手摇井架出渣,施工设备加工简易,由现场施工劳务人员自行加工安装,但手摇井架支撑不牢固、不稳定,井架无制动、保护装置。在本次事故中,由于出渣桶装料过多,导致碎石坠落,致1人死亡。

4.13 进入施工现场的从业人员应接受进场、上岗、转岗、返岗安全教育培训,特种作业人员应进行专门的安全作业培训。

【解读】 本条是关于加强从业人员及特种作业人员安全教育和培训的规定,依据《建设工程安全生产管理条例》第三十七条和《公路水运工程安全生产监督管理办法》第三十九条规定制定。

> 《建设工程安全生产管理条例》第三十七条规定:"作业人员进入新的岗位或者新的施工现场前,应当接受安全生产教育培训。未经教育培训或者教育培训考核不合格的人员,不得上岗作业。施工单位在采用新技术、新工艺、新设备、新材料时,应当对作业人员进相应的安全生产教育培训。"
>
> 《公路水运工程安全生产监督管理办法》第三十九条规定:"施工单位应当将专业分包单位、劳务合作单位的作业人员及实习人员纳入本单位统一管理。新进人员和作业人员进入新的施工现场或者转入新的岗位前,施工单位应当对其进行安全生产培训考核。施工单位采用新技术、新工艺、新设备、新材料的,应当对作业人员进行相应的安全生产教育培训,生产作业前还应当开展岗位风险提示。"

从业人员应当具备安全生产知识和安全生产意识。对从业人员进行安全生产教育和培训,提高对人的不安全行为的管控水平和对物的不安全状态的控制能力,对防范安全生产事故极为重要。

安全教育培训应体现全面、全员、全过程,应当覆盖施工现场每个岗位的所有人员,贯穿于从施工准备到竣工的各个阶段和方面。安全教育培训的主要内容一般包括安全生产的重要意义、施工工地的特点及危险因素、国家有关安全生产的法律法规、施工单位的有关规章制度、安全技术操作规程、机械设备和电气安全及高处作业的安全基本知识、防火、防毒、防尘、防爆知识，以及紧急情况安全处置和安全疏散知识、防护用品的使用知识、发生生产安全事故时自救、排险、抢救伤员、保护现场和及时报告等。安全教育培训可利用各种宣传媒介、采取多种形式，例如：事故警示教育、安全报告会、安全审查会、安全技术交流会及安全日（周、月）活动等。特种作业人员的安全技术培训、考核、发证、复审工作实行统一监管、分级实施、教考分离的原则。特种作业人员应当接受与其所从事的特种作业相应的安全技术理论培训和实际操作培训。

施工单位应当建立健全项目教育培训制度、制定教育培训计划、落实教育培训组织和经费，依法依规对项目的管理和作业人员每年至少要进行一次安全培训，并将培训情况记入个人工作档案，培训考核不合格的人员不得上岗作业。

转岗安全教育培训内容主要包括：①新工种岗位的作业特点，要害部位和危险状况；②作业场所和工作岗位存在的危险、危害因素及控制对策；③新工种岗位的安全操作规程；④正确使用防护用品及防护设施的要求；⑤事故案例。

《中华人民共和国安全生产法》第二十八条对从业人员安全教育培训作出如下规定：

（一）生产经营单位应当对从业人员进行安全生产教育和培训，保证从业人员具备必要的安全生产知识，熟悉有关的安全生产规章制度和安全操作规程，掌握本岗位的安全操作技能，了解事故应急处理措施，知悉自身在安全生产方面的权利和义务。未经安全生产教育和培训合格的从业人员，不得上岗作业。

（二）生产经营单位使用被派遣劳动者的，应当将被派遣劳动者纳入本单位从业人员统一管理，对被派遣劳动者进行岗位安全操作规程和安全操作技能的教育和培训。劳务派遣单位应当对被派遣劳动者进行必要的安全生产教育和培训。

（三）生产经营单位接收中等职业学校、高等学校学生实习的，应当对实习学生进行相应的安全生产教育和培训，提供必要的劳动防护用品。学校应当协助生产经营单位对实习学生进行安全生产教育和培训。

（四）生产经营单位应当建立安全生产教育和培训档案，如实记录安全生产教育和培训的时间、内容、参加人员以及考核结果等情况。

典型案例——

事故简要情况：2019年3月21日，某工程施工段横梁钢筋笼在施工过程中沿横桥向发生倒塌事故，造成4名作业人员死亡，13人受伤，直接经济损失

800余万元。

事故主要原因：施工总承包单位的安全教育、技术交底不到位，三级安全教育不按规定要求实施，项目层级教育代替公司层级安全教育，技术交底有缺失，使得劳务分包单位管理人员和现场施工人员对该施工环节的安全风险认识不够、对相关施工安全技术的掌握程度不足，间接导致了事故的发生。该横梁钢筋绑扎作业期间，在施工现场腰筋和箍筋尚未绑扎完成的情况下，劳务人员提前拆除临时支撑措施，造成横梁钢筋骨架整体稳定性不足，加之钢筋骨架作业人员施工扰动，引发横梁钢筋骨架纵向失稳坍塌。

4.14　施工单位应为从业人员包括短期雇佣的从业人员办理工伤保险，为施工现场从事危险作业的人员办理意外伤害保险。

【解读】　本条是关于为从业人员办理工伤保险和意外伤害保险的规定，依据《建设工程安全生产管理条例》第三十八条和《公路水运工程安全生产监督管理办法》第二十六条规定制定。

> 《建设工程安全生产管理条例》第三十八条规定："施工单位应当为施工现场从事危险作业的人员办理意外伤害保险。意外伤害保险费由施工单位支付。实行施工总承包的，由总承包单位支付意外伤害保险费。意外伤害保险期限自建设工程开工之日起至竣工验收合格止。"

> 《公路水运工程安全生产监督管理办法》第二十六条规定："从业单位应当依法参加工伤保险，为从业人员缴纳保险费。鼓励从业单位投保安全生产责任保险和意外伤害保险。"

工伤保险是指从业人员在劳动过程中发生生产安全事故以及职业病，暂时或者永久地丧失劳动能力时，在医疗和生活上获得物质帮助的一种社会保险制度，对在安全生产事故中受到伤害的从业人员的医疗救治和后续生活，具有支撑保障作用。2018年1月，人社部、交通运输部、水利部、国家能源局、国家铁路局、民航局联合印发《关于铁路、公路、水运、水利、能源、机场工程建设项目参加工伤保险工作的通知》（人社部发〔2018〕3号），将在铁路、公路、水运、水利、能源、机场等各类工程建设项目中流动就业的农民工纳入工伤保险保障。交通运输等行业参加工伤保险应按项目执行，针对工程建设项目施工管理、用工管理的特点，设计高效、便捷、管用的管理服务流程和参保约束机制，切实做到"先参保、再开工"。

意外伤害保险主要面向施工现场从事危险作业的人员，由于该类人员工作岗位的特殊性,其面临的危害比其他人员更大,因此有必要为其提供意外伤害保障。施工现场从事危险作业的人员,是指在施工现场从事如高空作业、爆破作业等危险性较大岗位的作业人员。意外伤害保险的范围应当覆盖工程项目。保险期限应涵盖工程项目开工之日到工程竣工验收合格之日。提前竣工的,保险责任自行终止。因延长工期的,应当办理保险顺延手续。施工单位应当在工程项目开工前,办理完投保手续。

5　机构、人员与费用

5.1　机构设置

5.1.1　建设单位应牵头组建项目安全生产组织协调机制,建立项目安全生产管理体系,研究布置安全生产工作,督促保障安全生产条件,定期开展平安工地建设情况的检查评价。

【解读】　本条是关于建设项目安全生产组织协调机制、安全生产管理体系、平安工地建设管理评价的有关规定,依据《公路水运工程平安工地建设管理办法》第六条、第十五条规定制定。

> 《公路水运工程平安工地建设管理办法》第六条规定:“公路水运工程建设项目应当保障安全生产条件,落实安全生产责任,建立项目安全生产管理体系,实现安全管理程序化、现场防护标准化、风险管控科学化、隐患治理常态化、应急救援规范化,并持续改进。”
>
> 第十五条规定:“建设单位是施工、监理合同段平安工地建设考核评价的主体,应当建立平安工地建设、考核、奖惩等制度,将平安工地建设情况纳入合同履约管理,加强过程督促检查,对项目平安工地建设负总责。
>
> 建设单位应当按照《公路水运工程“平安工地”建设考核评价指导性标准》要求,在项目开工前组织安全生产条件审核,每半年对项目所有施工、监理合同段组织一次平安工地建设考核评价,对自身安全管理行为进行自评,建立相应考核评价记录并及时存档;开工前安全生产条件审核结果以及施工过程中的平安工地建设考核评价结果,应当及时通过平安工地建设管理系统,向直接监管的交通运输主管部门报送。”

建设单位组织成立由监理、施工等单位负责人共同参与的工程项目安全生产委员会,规范、指导、协调工程参建单位的安全生产行为;建立项目安全生产管理体系,明确参建各方各岗位人员的安全生产职责和工作要求,根据安全生产管理制度和有关规定的要求研究布置安全生产工作,督促各参建单位落实组织机构、人员素质、管理制度、资金投入、设计文件、施工方案、施工设施、机具设备、工程材料、工艺技术、施工程序、安全防护用品、作业环境等各项安全生产条件,为项目建设的安全生产提供保障。定期开展平安工地建设情况的考核评价,通过考核对参建单位的安全生产工作进行评价,采取奖惩措施督促各参建单位落实安全措施,确保项目建设平稳有序推进。

典型案例——

事故简要情况:2008年10月28日,某大桥施工现场,23名工人乘坐钢丝吊篮上晚班,因钢丝绳断裂,载人吊斗坠落至桥面,造成11人死亡、12人受伤。

事故主要原因:经调查,在该桥梁建设过程中缆索道违章载人、超员运载现象严重,该项目相关管理人员不落实安全生产措施,对于安全生产条件未进行有效的监督与核查,导致该事故发生。

5.1.2　建设单位与施工单位应设置相应的项目安全生产管理机构,明确安全生产管理体系运行要求,组织落实安全生产工作。

【解读】　本条是关于建设单位、施工单位安全生产管理机构设置的规定,主要参考《中华人民共和国安全生产法》第二十四条、《公路水运工程安全生产监督管理办法》第十四条规定制定。

> 《中华人民共和国安全生产法》第二十四条规定:"矿山、金属冶炼、建筑施工、运输单位和危险物品的生产、经营、储存、装卸单位,应当设置安全生产管理机构或者配备专职安全生产管理人员。前款规定以外的其他生产经营单位,从业人员超过一百人的,应当设置安全生产管理机构或者配备专职安全生产管理人员;从业人员在一百人以下的,应当配备专职或者兼职的安全生产管理人员。"
>
> 《公路水运工程安全生产监督管理办法》第十四条规定:"施工单位应当设置安全生产管理机构或者配备专职安全生产管理人员。"

"安全生产管理机构"是指建设、施工等单位内部设立的专门负责安全生产管理的机构或部门，负责本单位的安全生产工作，保障安全生产管理体系的正常运行，通过制度保障、机制保障、技术保障，落实安全生产职责。

安全生产管理体系主要包括项目安全管理机构、安全管理人员与费用、安全管理制度、安全技术管理和应急管理等内容，通过明确安全生产管理工作的组织与分工，层层签订安全生产责任书，明确各部门岗位的安全生产责任，安全生产机构还要组织落实本单位安全生产的各项工作，并对落实情况进行检查。

典型案例——

事故简要情况：2021年7月25日8时2分左右，某公路大桥施工段右幅165~166号墩边跨梁发生箱梁垮塌事故，造成4人死亡、1人失踪。

事故主要原因：项目建设单位未依法履行安全监管职责，只管出资、不管安全，未与项目施工单位设置项目安全生产管理机构，安全生产管理体系在运行过程中出现许多问题，如未组织落实监督检查、未制定项目安全监管责任人等。

5.2 人员配备

5.2.1 施工单位应当根据工程施工作业特点、安全风险以及施工组织难度，按照年度施工产值要求配备专职安全生产管理人员。

【解读】 本条是关于施工单位安全管理人员配备的规定，主要参考《中华人民共和国安全生产法》第二十四条、《公路水运工程安全生产监督管理办法》第十四条规定制定。

《中华人民共和国安全生产法》第二十四条规定："矿山、金属冶炼、建筑施工、运输单位和危险物品的生产、经营、储存、装卸单位，应当设置安全生产管理机构或者配备专职安全生产管理人员。前款规定以外的其他生产经营单位，从业人员超过一百人的，应当设置安全生产管理机构或者配备专职安全生产管理人员；从业人员在一百人以下的，应当配备专职或者兼职的安全生产管理人员。"

《公路水运工程安全生产监督管理办法》第十四条规定："施工单位从事公路水运工程建设活动，应当取得安全生产许可证及相应等级的资质证书。施工单位的主要负责人和安全生产管理人员应当经交通运输主管部门对其安全生产知识和管理能力考核合格。施工单位应当设置安全生产管理机构或者配备专职安全生产管理人员。施工单位应当根据工程施工作业特点、安全风险以及施工组织难度，按照年度施工产值配备专职安全生产管理人员，不足5000万元的至少配备1名；5000万元以上不足2亿元的按每5000万元不少于1名的比例配备；2亿元以上的不少于5名，且按专业配备。"

"专职安全生产管理人员"是指专门负责安全生产管理工作的人员。公路水运工程从业人员数量较多，应设置专职安全生产管理人员，对项目建设安全生产进行经常性的检查，及时排除生产安全事故隐患。应根据公路水运工程建设实际需要，采取适当的配备标准。本条款在参照住建部有关规定的基础上，增加了前置条件（根据工程施工作业特点、安全风险以及施工组织难度）和项目安全生产经费计算基数（年度施工产值），进一步细化了专职安全生产管理人员的配备标准。

典型案例——

事故简要情况：2016年11月24日7时左右，江西丰城发电厂三期扩建工程施工过程中，7号冷却塔第50～52节筒壁混凝土从后期浇筑完成部位开始坍塌，沿圆周方向向两侧连续倾塌坠落，施工平台及平桥上的作业人员随同筒壁混凝土及模架体系一起坠落，在筒壁坍塌过程中，平桥晃动、倾斜后整体向东倒塌，造成73人死亡、2人受伤，直接经济损失10197.2万元。

事故主要原因：①安全生产管理机制不健全，7号冷却塔施工单位未按规定设置独立安全生产管理机构，安全管理人员数量不符合规定要求；②拆模前混凝土养护时间不够，混凝土强度发展不足，劳务作业队伍自行决定拆模。

5.2.2　施工单位主要负责人和安全生产管理人员应通过交通运输主管部门对其安全生产知识和管理能力考核合格，取得安全生产考核合格证书。

【解读】　本条是关于施工单位主要负责人、安全生产管理人员资格条件的规定，主要参考《中华人民共和国安全生产法》第二十七条、《公路水运工程安全生产监督管理办法》第十四条规定制定。

《中华人民共和国安全生产法》第二十七条规定："生产经营单位的主要负责人和安全生产管理人员必须具备与本单位所从事的生产经营活动相应的安全生产知识和管理能力。

危险物品的生产、经营、储存、装卸单位以及矿山、金属冶炼、建筑施工、运输单位的主要负责人和安全生产管理人员，应当由主管的负有安全生产监督管理职责的部门对其安全生产知识和管理能力考核合格。考核不得收费。

危险物品的生产、储存、装卸单位以及矿山、金属冶炼单位应当有注册安全工程师从事安全生产管理工作。鼓励其他生产经营单位聘用注册安全工程师从事安全生产管理工作。注册安全工程师按专业分类管理，具体办法由国务院人力资源和社会保障部门、国务院应急管理部门会同国务院有关部门制定。”

《公路水运工程安全生产监督管理办法》第十四条规定：“施工单位从事公路水运工程建设活动，应当取得安全生产许可证及相应等级的资质证书。施工单位的主要负责人和安全生产管理人员应当经交通运输主管部门对其安全生产知识和管理能力考核合格。”

施工单位的主要负责人是本单位安全生产第一责任人，对本单位的安全生产工作全面负责，其他分管负责人对其分管的安全生产负责。项目负责人对所承包的项目现场安全生产工作全面负责；专职安全生产管理人员负责本单位日常的安全生产管理工作。近年来，无相关经验人员参与工程建设是当前事故高发原因，管理人员安全意识、安全技术水平及管理能力的不足是导致事故发生的重要原因之一。为了减少生产安全事故的发生，上述人员必须通过交通运输主管部门对其安全生产知识和管理能力考核合格，取得安全生产考核合格证书。

典型案例——

事故简要情况：2018年5月16日13时32分左右，某公路工程项目在施工过程中，发生一起模板坍塌事故，造成8人死亡、3人重伤，直接经济损失339.4万元。

事故主要原因：模板支撑系统搭设材料不符合要求；搭设不符合要求，横杆步距较大，未设置剪刀撑。浇筑施工中出现局部塌陷，施工负责人未立即撤离作业人员，仍违章指挥工人冒险作业。事故调查发现该负责人未取得安全生产考核合格证书，安全意识薄弱，冒进施工，违章指挥，最终造成悲剧的发生。

5.2.3　电工、焊接与热切割作业人员、架子工等特种作业人员应取得作业资格证书后方可上岗作业，进场前宜接受技能测试。

【解读】 本条是关于从业单位特种作业人员资格的规定，依据《中华人民共和国安全生产法》第三十条、《公路水运工程安全生产监督管理办法》第十六条规定制定。

《中华人民共和国安全生产法》第三十条规定："生产经营单位的特种作业人员必须按照国家有关规定经专门的安全作业培训，取得相应资格，方可上岗作业。特种作业人员的范围由国务院应急管理部门会同国务院有关部门确定。"

《公路水运工程安全生产监督管理办法》第十六条规定："公路水运工程从业人员中的特种作业人员应当按照国家有关规定取得相应资格，方可上岗作业。"

特种作业是指容易发生事故、对操作者本人或他人的安全健康及设备设施的安全可能造成严重危害的作业。根据公路行业实际情况，《公路工程施工安全技术规范》(JTG F90—2015)附录D提出的特殊作业人员范围包括：电工、焊接与热切割作业人员、架子工、起重信号司索工、起重机械司机、起重机械安装拆卸工、高处作业吊篮安装拆卸工、锅炉司炉、压力容器操作人员、电梯司机、场(厂)内专用机动车司机、制冷与空调作业人员、从事爆破工作的爆破员、安全员、保管员、瓦斯监测员、工程船舶船员、潜水员和国家有关部门认定的其他作业人员。其中，将特种作业人员和其他危险作业岗位的作业人员合并为特殊作业人员，便于认定。特种作业人员所从事的工作，在安全程度上与本企业内的其他工作有较大差别，在工作中接触的危险因素较多，危险性较大，很容易发生生产安全事故，而一旦发生事故，不仅对作业人员本人，而且会对他人和周围设备、设施和环境造成很大危害。

目前无证上岗的问题依然存在，特种作业人员安全意识不强，监督管理体系不完善等。为了减少安全事故的发生，从事特种作业工作的人员应当取得特种作业资格证书，并且进场前要对其作业技能进行测试，测试合格后允许上岗。

典型案例——

事故简要情况：2014年10月29日15时50分左右，某高速公路大桥19A标6号桥墩左幅塔顶上焊割作业时失火，导致大桥9根斜拉索断裂，断索侧桥面下沉，大桥受损，直接经济损失1058.57余万元。

事故主要原因：现场作业工人(无金属焊接特种作业资格证书)违章使用电焊进行钢筋熔断作业，高温熔渣掉落到塔顶下方斜拉索外包的聚乙烯彩条布上,引燃彩条布,继而引燃斜拉索钢绞线黑色HDPE护套,燃烧的护套熔融滴落引燃下方斜拉索。燃烧的斜拉索在预应力和高温的作用下断裂,造成9根斜拉索断裂,断索刚桥面下沉,大桥受损。

5.3 安全生产费用

5.3.1 建设单位在编制工程招标文件时,安全生产费用应包含在工程投标报价中并单独计提,所需的安全生产费用不应低于国家规定的提取标准。

【解读】 本条规定了公路水运工程安全生产费用的计提要求,依据《公路水运工程安全生产监督管理办法》第二十一条规定制定。

《公路水运工程安全生产监督管理办法》第二十一条规定:"从业单位应当保证本单位所应具备的安全生产条件必需的资金投入。建设单位在编制工程招标文件及项目概预算时,应当确定保障安全作业环境及安全施工措施所需的安全生产费用,并不得低于国家规定的标准。施工单位在工程投标报价中应当包含安全生产费用并单独计提,不得作为竞争性报价。安全生产费用应当经监理工程师审核签认,并经建设单位同意后,在项目建设成本中据实列支,严禁挪用。"

公路水运工程施工应改善作业条件,切实保障施工人员人身安全,建立安全生产投入机制,加强安全生产费用管理,保障安全生产资金投入,规范安全生产使用管理。

建设单位在编制工程概预算时,应当依据公路水运工程项目概算预算编制办法以及有关规定,计列安全生产费用。建设单位在编制工程招标文件时,应当充分考虑和合理确定项目安全生产费用的提取标准,将安全生产费用包含在工程投标报价中并单独计提,安全生产费用的提取标准不得低于国家有关规定。此外,建设单位根据工程特点、风险程度和安全生产标准的要求,鼓励适当提高安全生产费用的提取标准,并且应当在招标文件中予以明确。

5.3.2 公路水运工程建设项目应规范安全生产费用的使用,建设单位应明确使用范围和支付程序。

【解读】 本条规定公路水运工程建设项目安全生产费使用管理细则由建设单位负责制定,依据《公路水运工程安全生产监督管理办法》第二十一条规定制定。

> 《公路水运工程安全生产监督管理办法》第二十一条规定:"安全生产费用应当经监理工程师审核签认,并经建设单位同意后,在项目建设成本中据实列支,严禁挪用。"

当前,公路水运工程行业普遍存在安全生产费用使用管理不规范的情况,如建设单位未按国家规定要求及时支付安全生产费用、安全生产费用的使用监督管理不到位等,致使施工单位存在不足额使用或超范围使用安全生产费用,甚至将安全生产费用直接作为利润留存,不按规定向专业分包单位合理支付安全生产费用等现象。

施工安全生产费用应用于施工安全防护用具及设施的采购和更新、施工安全措施的落实,安全生产条件的改善,禁止采用虚报等手段套取安全生产费用,并按有关规定,在以下范围内计取:①完善、改造和维护安全防护设施设备支出。②配备、维护、保养应急救援器材、设备和应急演练支出。③重大危险源、事故隐患的评估、整改、监控支出。④安全生产检查、评价、咨询和平安工地建设支出。⑤配备和更新现场作业人员安全防护用品支出。⑥安全生产宣传、教育、培训支出。⑦安全生产适用的"四新"技术推广应用支出。⑧安全设施及特种设备检测检验支出。⑨其他与安全生产直接相关的支出。

建设单位应根据项目自身特点,在上述范围内细化出台针对性的项目安全生产费用使用范围清单,鼓励研究制定安全生产费用清单化的计量规则。

建设单位应制定明确的计量审核及费用支付流程,对经监理工程师签字确认的安全生产费用使用报表进行审核确认后,与工程款同时计量支付给施工单位。

5.3.3　施工单位应根据实际工程需要编制合同段安全生产费用使用计划,按程序计量安全生产费用,建立安全生产费用使用台账。

【解读】　本条明确了施工单位对安全生产费用使用管理具体要求,依据《建设工程安全生产管理条例》第二十二条规定制定。

> 《建设工程安全生产管理条例》第二十二条规定:"施工单位对列入建设工程概算的安全作业环境及安全施工措施所需费用,应当用于施工安全防护用具及设施的采购和更新、安全施工措施的落实、安全生产条件的改善,不得挪作他用。"

施工单位应当根据招投标文件的要求,编制安全生产费用使用计划及月度安全生产费用使用计划,按照建设单位制定的计量支付程序上报并申请费用计量。实行工程总承包的,总承包单位依法将工程分包给其他单位的,总承包单位应当与分包单位在分包合同中明确由分包单位实施的安全措施、分包工程安全生产费用及支付等条款。

5.3.4 设计变更导致工程量增加时,应相应调增安全生产费用。

【解读】 本条规定了安全生产费用的调整原则,明确因设计变更导致实际建安工程费用增加时,应按照变更后的工程量足额提取安全生产费用,主要依据《企业安全生产费用提取及使用管理办法》第七条规定制定。

《企业安全生产费用提取及使用管理办法》第七条规定:"建设工程施工企业以建筑安装工程造价为计提依据。"

施工进场后,有两种情况可能导致工程量增加较大,一种情况是在工程量清单勘误后,实际的工程量超出原设计图纸工程量;另一种情况是施工过程中发现实际环境或地质与原设计不符,需要调整工程线路或增加工程结构而导致工程增加。

实际工程量超过合同约定时,安全生产费用在根据实际工程量以及费用提取标准确定的额度据实列支。建设单位与施工单位应当在施工合同中明确安全生产费用的使用清单、数额、计量支付方式与时限、具体使用要求、调整方式等条款。

6 安全管理制度

6.1 制度编制

6.1.1 从业单位应结合项目实际需要,建立健全项目安全生产责任制和安全生产规章制度,并根据情况变化及时修订。

【解读】 本条是关于建设、施工、监理等从业单位全员安全生产责任制和安全生产规章制度编制要求的有关规定,依据《中华人民共和国安全生产法》第四条规定制定。

《中华人民共和国安全生产法》第四条规定:"生产经营单位必须遵守本法和其他有关安全生产的法律、法规,加强安全生产管理,建立健全全员安全生产责任制和安全生产规章制度,加大对安全生产资金、物资、技术、人员的投入保障力度,改善安全生产条件,加强安全生产标准化、信息化建设,构建安全风险分级管控和隐患排查治理双重预防机制,健全风险防范化解机制,提高安全生产水平,确保安全生产。

平台经济等新兴行业、领域的生产经营单位应当根据本行业、领域的特点,建立健全并落实全员安全生产责任制,加强从业人员安全生产教育和培训,履行本法和其他法律、法规规定的有关安全生产义务。"

建立健全项目全员安全生产责任制，加强建设项目安全生产管理，规范安全管理行为，明确从业各方安全生产责任，是保障安全生产水平的基础条件。项目规章制度应根据行业相关要求及时动态更新，使其更加符合工程项目实际。

6.1.2　建设单位的安全管理制度应包含但不局限于以下内容：

a）全员安全生产责任制；

b）安全生产会议；

c）安全教育培训；

d）安全生产检查；

e）安全风险管理；

f）事故隐患排查治理；

g）平安工地建设；

h）安全生产奖惩；

i）安全生产费用管理；

j）生产安全事故报告；

k）应急管理。

【解读】　本条是关于建设单位全员安全生产责任制和安全生产规章制度编制内容的有关规定，给出了项目建设单位编制制度的内容要素，依据《公路水运工程安全生产监督管理办法》第二十七条、《关于开展公路水运工程“平安工地”考核评价工作的通知》（交质监发〔2012〕679号）的有关规定制定。

《公路水运工程安全生产监督管理办法》第二十七条规定：“从业单位应当建立健全安全生产责任制，明确各岗位的责任人员、责任范围和考核标准等内容。从业单位应当建立相应的机制，加强对安全生产责任制落实情况的监督考核。”

《关于开展公路水运工程“平安工地”考核评价工作的通知》中规定的安全生产管理制度包括：建设单位应建立安全生产责任制度、检查及隐患排查整改、事故报告、应急管理、平安工地建设、安全奖惩、安全经费管理等制度。

建设单位作为项目建设的管理主体，对公路水运工程安全生产负管理责任。参照国家行业相关法律法规的规定，制度应明确建设单位在项目生产各阶段安全管理的内容、程序与职责分工等，各项制度一般以汇编形式印发。

6.1.3　施工单位的安全管理制度应包含但不局限于以下内容：

a）全员安全生产责任制；

b）专业(劳务)分包单位安全管理；

c）特种作业人员管理；

d）安全生产会议；

e）安全教育培训；

f）项目主要负责人带班生产；

g）施工组织设计与专项施工方案编制；

h）安全技术交底；

i）安全生产检查；

j）安全风险管理；

k）事故隐患排查治理；

l）平安工地建设；

m）临时设施与设备安全管理；

n）临时用电管理；

o）劳动防护用品管理；

p）民用爆炸物品管理；

q）消防安全管理；

r）安全生产奖惩；

s）安全生产费用管理；

t）职业健康安全管理；

u）生产安全事故报告；

v）应急管理。

【解读】 本条是关于施工单位安全生产责任制和安全生产规章制度编制内容的有关规定,给出了施工单位制度编制的内容要素,依据《公路水运工程安全生产监督管理办法》《公路水运工程平安工地建设管理办法》的规定制定。

《公路水运工程平安工地建设管理办法》规定:“施工单位安全生产管理制度包括:安全生产责任制及考核奖惩、安全会议、安全教育培训及技术交底、特种作业人员、安全费用管理、安全风险管控、安全检查及隐患排查、危险作业环节领导带班、事故报告、应急预案、劳动防护用品管理、职业健康、分包管理、作业技术规程、设备安全管理、消防安全管理、临时用电管理等制度。”

施工单位对施工现场的安全生产负主体责任。为夯实施工单位安全生产主体责任,明确施工单位在项目生产各阶段安全管理的内容、程序与职责分工等,各项制度一般以汇编形式印发。

6.1.4 监理单位的安全管理制度应包含但不局限于以下内容：

a） 全员安全生产责任制；

b） 安全生产会议；

c） 安全教育培训；

d） 施工组织设计与专项施工方案审查；

e） 安全生产费用审查；

f） 船机设备、人员进(退)场审核；

g） 特种设备复核检查；

h） 安全生产检查；

i） 事故隐患排查治理；

j） 平安工地建设现场监督管理；

k） 生产安全事故报告；

l） 应急管理。

【解读】 本条是关于监理单位安全生产责任制和安全生产规章制度编制内容的有关规定，给出了监理单位制度编制的内容要素，依据《公路水运工程安全生产监督管理办法》《关于开展公路水运工程"平安工地"考核评价工作的通知》的有关规定制定。

> 《关于开展公路水运工程"平安工地"考核评价工作的通知》规定："监理单位应建立的规章制度包括：规定建立会议、检查、专项经费审批、隐患督促整改、危险性较大工程方案审查、特种设备复查、应急管理、事故报送等工作制度。"

监理单位应当按照法律、法规、规章、工程建设强制性标准和合同文件进行监理，对工程安全生产承担监理责任。为明确监理单位在项目生产各阶段安全管理的内容、程序与职责分工等，各项制度一般以汇编形式印发。

6.2 制度实施

6.2.1 从业单位应定期组织安全管理制度实施情况检查。

【解读】 本条是关于从业单位安全生产管理制度实施情况检查的有关规定。主要参考《公路水运工程安全生产监督管理办法》第四十五条、《公路水运工程平安工地建设管理办法》的有关规定制定。

> 《公路水运工程安全生产监督管理办法》第四十五条规定："交通运输主管部门对公路水运工程安全生产行为的监督检查主要包括下列内容：(一)被检查单位执行法律、法规、规章及工程建设强制性标准情况；(二)本办法规定的项

目安全生产条件落实情况；(三)施工单位在施工场地布置、现场安全防护、施工工艺操作、施工安全管理活动记录等方面的安全生产标准化建设推进情况。”

《公路水运工程平安工地建设管理办法》附表2《施工单位基础管理考核评价表》中规定，将督促检查安全管理制度执行情况作为安全生产管理制度合规性的考核内容。

安全管理制度的发布往往容易流于形式，出现执行不到位或脱离实际、难落实的情况。建设、监理、施工单位应通过会议、培训、实操、演练、设置宣传栏等方式组织从业人员进行安全生产制度、操作规程的学习与培训，应检查安全生产制度的落实情况，针对存在问题持续改进，确保制度内容完整、可操作性强。各单位在定期对安全管理制度实施情况进行检查时，应重点针对以上情况进行考核评价。

典型案例——

事故简要情况：2014年12月3日，某地铁线路某站2号出入口2期工程工地，分包单位20t汽车吊在现场吊装钢筋原材时，因受力后吊车支腿下陷造成汽车吊侧翻，造成3名行人死亡。

事故主要原因：项目部日常安全基础工作不扎实、未定期对安全管理制度实施情况进行检查，对吊装作业“十不吊”红线管理制度落实不力，对吊车驾驶员无证操作未及时发现纠正。

6.2.2 施工单位应遵守安全管理制度，制止和纠正违章指挥、违章作业、违反劳动纪律等行为。

【解读】 本条是关于规范施工单位安全行为，制止“三违”的有关规定，主要依据《建设工程安全生产管理条例》第二十三条、第三十二条和第三十三条，以及《公路水运工程安全生产监督管理办法》第三十六条规定制定。

《建设工程安全生产管理条例》第二十三条规定：“施工单位应当设立安全生产管理机构，配备专职安全生产管理人员。专职安全生产管理人员负责对安全生产进行现场监督检查。发现安全事故隐患，应当及时向项目负责人和安全生产管理机构报告；对违章指挥、违章操作的，应当立即制止。”第三十二条规定：“施工单位应当向作业人员提供安全防护用具和安全防护服装，并书面告知危险岗位的操作规程和违章操作的危害。作业人员有权对施工现场的作业条件、作业程序和作业方式中存在的安全问题提出批评、检举和控告，有权拒绝违章指挥和强令冒险作业。”第三十三条规定：“作业人员应当遵守安全施工的强制性标准、规章制度和操作规程，正确使用安全防护用具、机械设备等。”

《公路水运工程安全生产监督管理办法》第三十六条规定：“施工单位的专职安全生产管理人员履行下列职责：制止和纠正违章指挥、违章操作和违反劳动纪律的行为。”

根据各种统计资料显示，生产安全事故有80%以上是由“三违”行为造成的。“三违”是安全生产工作的大忌，是必须努力制止和纠正的行为，具体表现为：

（1）违章指挥：是指安排或指挥职工违反国家有关安全的法律、法规、规章制度、企业安全管理制度或操作规程进行作业的行为。常见的违章指挥行为如下：

①为生产需要，强令员工违反操作规程，使设备超负荷运行。

②进入有限空间、高空作业、临时用电等特殊作业不办理相关手续。

③在查出的隐患未整改的情况下，强令员工继续进行作业。

④在安全条件不具备的情况下，强令员工冒险作业。

⑤强令女工从事禁忌作业。

⑥压力容器安全附件（安全阀、压力表等）超期未检，强令继续使用。

⑦对作业场所危险源辨识不清指令人员操作。

⑧安排未取得特种或特种设备作业操作证的人员从事特种或特种设备作业。

⑨安排安全教育和岗位技术考核不合格的员工顶岗操作。

（2）违章作业：是指员工在劳动过程中，违反劳动的安全法规、标准规章制度操作规程，盲目蛮干，冒险作业的行为。常见的违章作业行为如下：

①未穿戴劳保服装、劳保用品或不戴安全帽进入生产区域。

②酒后上岗，酒后驾车。

③为了完成任务超负荷地使用设备。

④易燃易爆物品混放在同一库房内，生产区域随意堆放易燃易爆物品。

⑤发现异常情况时不及时处理或汇报。

⑥使用无合格证的产品或生产设备。

⑦危险作业过程中未设置明显的安全警示标志及警戒线。

⑧无操作资格证或证已经过期情况下操作特种设备。

⑨动火时氧气瓶、乙炔瓶安全距离不符合气瓶安全规定。

⑩不按安全操作规程操作设备和不按规定定期保养设备。

（3）违反劳动纪律：是指违反劳动生产过程中为维护集体利益并保证工作的正常进行，保证劳动合同得以履行而制定的要求每个员工遵守的规章制度和规则的行为。违反劳动纪律行为如下：

①不服从管理人员的安排、指挥、管理，拒绝接受生产、工作任务或消极怠工。

②酒后上班或上班时间内饮酒。

③在生产过程中串岗、离岗，上班时间擅离职守，延误工作。

典型案例 1——

事故简要情况：2009 年 5 月 13 日，某高速公路扩建工程一辆水泥散装运输车在向工地立式储存桶内灌注水泥时，因超压超量灌注，造成立式储存桶上盖开裂，随后向东倒塌，将东侧与其紧密相连的工棚压在下面，当时 10 名民工正在棚内休息，瞬间被水泥覆盖，造成 8 人死亡。

事故主要原因：一是违章指挥，使得水泥散装运输车驾驶员超压超量灌注，最终造成事故发生；二是工人休息场所（生活区）与拌和楼储料罐（工作区）之间的安全距离不足，导致水泥储料罐倒塌后直接压在工人休息区，酿成惨剧。

典型案例 2——

事故简要情况：2020 年 11 月 10 日，某在建高速公路 TJ1 标段某互通发生一起钢箱梁倾覆事故，致 3 人死亡、5 人受伤，直接经济损失 870 万元。事发时，钢箱梁向外圆弧侧发生倾动，随后倾覆，一端悬在高速公路桥梁外侧，另一端压在汽车吊操作室上。在钢箱梁上作业的 8 名工人随倾覆的钢箱梁跌落，其中 1 人跌落至高速公路桥下，7 人跌落至倾覆的钢箱梁和高速公路桥面之间。

事故主要原因：该工程项目技术负责人违章指挥，违反专项施工方案设计工序组织桥面系护栏施工，造成外圆弧钢箱梁倾覆力矩超出稳定力矩，导致钢箱梁失稳倾覆。

7　安全技术保障

7.1　安全风险预控

7.1.1　公路水运工程建设项目应开展施工安全风险评估，编制风险评估报告。

【解读】　本条规定了项目施工阶段的安全风险评估工作开展及报告编制要求，依据《公路水运工程安全生产监督管理办法》第二十四条等有关规定制定。

《公路水运工程安全生产监督管理办法》第二十四条规定："公路水运工程建设应当实施安全生产风险管理，按规定开展设计、施工安全风险评估。"

风险评估是对潜在的风险进行辨识、分析、估测，并提出控制措施的系列工作。

列入国家和地方基本建设计划的新建、改建、扩建以及拆除、加固等公路桥梁、隧道及路堑高边坡工程项目，在施工阶段，应进行施工安全风险评估。施工安全风险评估范围，可由各地根据工程建设条件、技术复杂程度和施工管理模式，以及当地工程建设经验，参考有关标准确定。

施工安全风险评估工作包括总体风险评估、专项风险评估。风险评估流程包括制定评估计划、选择评估方法、开展风险辨识与分析、进行风险估测、确定风险等级、提出措施建议、编制评估报告等方面。总体风险评估和施工前专项风险评估应分别形成评估报告，施工过程专项风险评估可简化形成评估报表。评估报告应反映风险评估过程的全部工作，报告内容应包括编制依据、工程概况、评估方法、评估步骤、评估内容、评估结论及对策建议等。具体参照交通运输部公路水运工程施工安全风险评估指南系列标准执行。

典型案例——

事故简要情况：2011 年 6 月 26 日，某铁路隧道在进口掌子面进行出渣作业时，掌子面出现异常响声，随即大量泥石瞬间涌出，3min 之内涌出泥石达 78m，造成 2 人死亡。事发时，隧道进口掌子面 DK193 + 801 处，出渣作业过程中因出渣车出现故障、在出渣作业暂停期间，现场安全员听到掌子面方向有异常响声，在发出撤离警告后，即和现场值班技术员向洞外快速撤离逃生，随即大量泥石涌出，因泥水来势较快，导致工作面附近的作业台架被推出约 50m，挖掘机和出渣车驾驶员两人来不及逃生，连同机械设备被涌泥掩埋失踪。

事故主要原因：项目部对高风险隧道施工安全管理有缺陷，风险评估不到位，未对处理方案进行有效论证和风险安全评估。此外，技术管理存在缺失，隧道监控量测不规范，项目未根据实际地质特点编制专项监控量测方案，增加量测断面和频次。

7.1.2 建设单位应根据施工安全总体风险评估结论，向施工单位与监理单位提出相应的风险控制要求。

【解读】 本条规定了建设单位在施工安全风险评估管理工作中的具体要求，

依据《公路水运工程安全生产监督管理办法》第二十八条规定制定。

> 《公路水运工程安全生产监督管理办法》第二十八条规定:“建设单位对公路水运工程安全生产负管理责任。依法开展项目安全生产条件审核,按规定组织风险评估和安全生产检查。根据项目风险评估等级,在工程沿线受影响区域作出相应风险提示。”

总体风险评估是以桥梁、隧道、边坡工程或港口、航道、船闸工程为评估对象,根据施工前的风险主控因素、建设规模、地质条件、年均降水量和资料完整性等,评估该工程施工的整体风险,确定其安全风险等级并提出控制措施建议。公路水运工程施工安全总体风险评估的结论应明确总体风险等级、主控因素清单(若无可不列出)、重要性指标清单(采用指标体系法时)、风险控制措施建议等内容。

建设单位应当根据风险评估等级(由高到低依次分为重大风险、较大风险、一般风险和低风险四个等级),制定相应的风险控制要求或管控措施,并要求监理、施工单位严格执行。

7.1.3 施工单位应根据施工安全专项风险评估结论,制订风险预控措施,确定不同风险等级的管理要求,并将重大风险的名称、位置、可能导致的生产安全事故及管控措施等及时告知直接影响范围内的相关单位或人员。

【解读】 本条规定了风险分级管控的具体要求,强调重大风险实行风险告知制度,依据《公路水运工程安全生产监督管理办法》第二十二条和《公路水路行业安全生产风险管理暂行办法》(交安监发〔2017〕60号)第二十九条规定制定。

> 《公路水运工程安全生产监督管理办法》第二十二条规定:“施工作业区应当根据施工安全风险辨识结果,确定不同风险等级的管理要求,合理布设。在风险等级较高的区域应当设置警戒区和风险告知牌。”
>
> 《公路水路行业安全生产风险管理暂行办法》第二十九条规定:“生产经营单位应当将重大风险的名称、位置、危险特性、影响范围、可能发生的安全生产事故及后果、管控措施和安全防范与应急措施告知直接影响范围内的相关单位或人员。”

施工单位是风险控制的实施主体,应当结合本合同段分部分项工程施工安全风险清单,制定风险分级管控工作实施方案,严格落实全员安全生产管理责任,明确风险管理部门及职责划分。

专项风险评估是以作业活动与施工区段为评估对象,根据公路水运工程地质水文地质条件、作业风险特点以及类似工程事故情况,进行风险辨识、分析、估测,针对其中的作业活动与重大风险源进行量化评估,划分风险等级,并提出风险控制措施,开展控制措施预期效果评估。专项风险评估包括施工前专项风险评估和施工过程专项风险评估。施工前专项风险评估结论应作为专项施工方案编制的主要依据,在此基础上细化改进施工安全风险监测与控制措施;施工过程专项风险评估是在现场条件发生变化影响施工安全时开展,评估报表应包含评估指标前后变化对比、现阶段风险评估等级、风险控制措施等。

施工单位应当按规定对较大及以上风险的分部分项工程施工现场做好施工过程预警预控;应当对施工安全专项风险评估结果达到重大风险的分部分项工程,调整完善专项施工方案,提出重大风险源风险控制措施,并组织专家进行论证,确保施工安全。施工过程中的监控预警鼓励采用信息化方式。

典型案例——

事故简要情况:2017 年 5 月 2 日 14 时 48 分左右,某铁路段 CGZQSG13 标段在建的七扇岩隧道进口平行导洞发生瓦斯爆炸事故,造成正在隧道主洞内施工作业的 12 人死亡、12 人受伤,直接经济损失 1475.103 万元。

事故主要原因:施工单位对瓦斯危害认识不足,瓦斯防控措施不到位。即风险评估及重大风险告知工作不到位,未制定针对性的防控方案。经调查,某施工单位负责七扇岩隧道进口施工的相关人员均无高瓦斯隧道施工经历。

7.2　施工组织设计和专项施工方案

7.2.1　施工组织设计应明确安全技术措施和保障措施,并结合施工安全风险评估结论进行完善。

【解读】　本条规定了施工组织设计中有关安全管理内容的编制要求,依据《建设工程安全生产管理条例》第二十六条和《公路水运工程安全生产监督管理办法》第三十五条规定制定。

> 《建设工程安全生产管理条例》第二十六条规定:"施工单位应当在施工组织设计中编制安全技术措施和施工现场临时用电方案。"
>
> 《公路水运工程安全生产监督管理办法》第三十五条规定:"(六)依据风险评估结论,完善施工组织设计和专项施工方案。"

总体风险评估结论应作为编制施工组织设计的依据。专项风险评估结论应作为编制或完善专项施工方案的依据。

典型案例——

事故简要情况：2016年11月24日，江西丰城发电厂三期扩建工程发生冷却塔施工平台坍塌特别重大事故，造成73人死亡、2人受伤，直接经济损失10197.2万元。

事故主要原因：安全技术措施存在严重漏洞。项目部未将筒壁工程作为危险性较大分部分项工程进行管理；筒壁工程施工方案存有重大缺陷，未按要求在施工方案中制定拆模管理控制措施，未辨识出拆模作业中存在的重大风险。在2016年11月22日气温骤降、外部施工条件已发生变化的情况下，项目部未采取相应技术措施。在上级公司提出加强冬期施工管理的要求后，项目部未按要求制定冬期施工方案。

7.2.2 施工单位应按照JTG F90及JTS 205-1的相关要求，结合施工安全风险评估结论，编制危险性较大分部分项工程专项施工方案，并附安全验算结果。超过一定规模的危险性较大分部分项工程的专项施工方案应通过专家论证。

【解读】 本条规定了专项施工方案的编制论证要求，依据《建设工程安全生产管理条例》第二十六条和《公路水运工程安全生产监督管理办法》第二十四条规定制定。

《建设工程安全生产管理条例》第二十六条规定："施工单位应当在施工组织设计中编制安全技术措施和施工现场临时用电方案，对下列达到一定规模的危险性较大的分部分项工程编制专项施工方案，并附具安全验算结果，经施工单位技术负责人、总监理工程师签字后实施，由专职安全生产管理人员进行现场监督：

（一）基坑支护与降水工程；

（二）土方开挖工程；

（三）模板工程；

（四）起重吊装工程；

（五）脚手架工程；

（六）拆除、爆破工程；

（七）国务院建设行政主管部门或者其他有关部门规定的其他危险性较大的工程。

对前款所列工程中涉及深基坑、地下暗挖工程、高大模板工程的专项施工方案，施工单位还应当组织专家进行论证、审查。"

《公路水运工程安全生产监督管理办法》第二十四条规定："施工单位应当依据风险评估结论，对风险等级较高的分部分项工程编制专项施工方案，并附安全验算结果，经施工单位技术负责人签字后报监理工程师批准执行。必要时，施工单位应当组织专家对专项施工方案进行论证、审核。"

危险性较大的分部分项工程是指在施工过程中容易导致人员群死群伤或者造成重大经济损失的分部分项工程。其工程范围分别见《公路工程施工安全技术规范》(JTG F90—2015)附录A及《水运工程施工安全防护技术规范》(JTS 205-1—2008)有关章节。

专项施工方案应当包括编制说明、工程概况、施工工艺、施工计划、风险(危险源)分析、施工安全保障措施、安全检查和验收、安全验算及相关图纸、其他需要说明的情况等主要内容。

对于超过一定规模的危大工程的专项施工方案，施工单位应当在分部分项工程开工前组织专家论证。专家论证会由施工单位组织召开，建设、监理、设计等相关单位参加。专家论证的重点内容有专项施工方案内容是否完整、是否可行、专项施工方案计算和验算是否符合有关标准规范、安全施工的基本条件是否具备、是否符合现场实际情况等。

典型案例——

事故简要情况：2011年某月某日，某省道工程大桥施工项目合同段几名作业人员在栈桥上进行履带式起重机(50t)打桩作业时，因桩基支撑力不足，栈桥开始倾覆，造成履带式起重机械倾覆侧翻连同带人一起落入水中，其中1人经医院抢救无效死亡，另外2人分别于事发当晚和第二天上午打捞出水死亡，本次事故共造成3人死亡。

事故主要原因：栈桥安全专项施工方案中钢管桩桩长计算错误；施工时又未按施工方案"双控"要求进行钢管桩施工，造成钢管桩入土深度不足，桩基承载力不足；施工人员在栈桥第四跨未完成施工的情况下，且未对第三跨栈桥南端的钢管桩进行加固处理，便使用特种设备对西侧平台钢管桩进行打桩；由于栈桥钢管桩支撑力不够，栈桥南端钢管桩下沉造成栈桥上作业的50t吊机倾覆，导致事故发生，1名施工人员因救援不当造成事故扩大。间接原因：安全专项方案审批把关不严，施工单位在栈桥设计上把关不严，对设计过程中存在缺陷，未经严格审查，对存在的错误未能及时发现和纠正。

7.2.3　分部分项工程与关键工序开工前，施工单位应按照相关要求，组织做好分级安全技术交底。

【解读】　本条规定了安全技术交底工作要求，主要依据《公路水运工程安全生产监督管理办法》第四十条规定制定。

《公路水运工程安全生产监督管理办法》第四十条规定："施工单位应当建立健全安全生产技术分级交底制度，明确安全技术分级交底的原则、内容、方法及确认手续。分项工程实施前，施工单位负责项目管理的技术人员应当按规定对有关安全施工的技术要求向施工作业班组、作业人员详细说明，并由双方签字确认。"

安全技术交底由施工单位项目技术负责人负责实施，实行分级安全技术交底制度。具体做法如下：

(1)分部分项工程开工前，项目技术负责人或专项施工方案的编制人员应向项目管理人员、分包单位或作业班组负责人进行安全技术交底。

(2)危险性较大的分部分项工程施工前，应由项目技术负责人或专项施工方案编制人将安全技术措施、施工方法、施工工艺、施工中可能出现的风险因素、安全施工注意事项和紧急避险措施等，向参加施工的全体管理人员(包括分包单位现场负责人、安全管理员)、作业人员进行交底。

(3)各工种作业安全技术交底采用层级交底制，主要工序和特殊工序由项目技术负责人对主管施工员进行交底，主管施工员再向施工班组负责人进行技术交底，班组负责人再对作业人员进行技术交底。一般工序由施工技术员直接向各施工班组进行交底。

(4)各层级交底由双方共同签字确认，专职安全员应当参与班组安全技术交底工作，并监督实施。

安全技术交底包括但不限于以下内容：

(1)采用的施工方法、施工机械、实施方案应注意的问题，要求达到的安全、质量、进度及文明施工目标；

(2)有关班组的配合与支持，人员的管理办法与措施；

(3)有关施工机械的性能、进场及运行路线要求，原材料数量要求、质量要求、进场时间等；

(4)主要劳动力、主要技术工种人员的技能要求、进场时间要求；

(5)施工工艺要求，工艺标准等。

典型案例——

事故简要情况：2019 年 4 月 25 日，某公路工程施工现场发生一起施工升降机轿厢(吊笼)坠落的重大事故，造成 11 人死亡、2 人受伤，直接经济损失约 1800 万元。

事故主要原因：施工单位对安全生产工作不重视，安全生产管理混乱。编制的事故升降机安装专项施工方案内容不完整且与事故升降机机型不符，不能指导安装作业，方案审批程序不符合相关规定。公司技术负责人长期空缺，专项施工方案未经技术负责人审批。事故升降机安装前未按规定进行方案交底和安全技术交底。安装过程中，现场技术及安全管理人员缺失，未按规定进行自检、调试、试运转，未出具自检验收合格证明；未建立事故升降机安装工程档案，员工安全生产教育培训不到位，未建立员工安全教育培训档案。

7.2.4　施工单位应按照批准的专项施工方案组织施工，专项施工方案确需调整的，应重新审批后实施。

【解读】　本条规定了专项方案的现场实施要求，明确了因设计变更、施工组织调整后方案确需调整时的处理原则，依据《公路水运工程安全生产监督管理办法》第二十四条规定制定。

> 《公路水运工程安全生产监督管理办法》第二十四条规定："施工单位应当依据风险评估结论，对风险等级较高的分部分项工程编制专项施工方案，并附安全验算结果，经施工单位技术负责人签字后报监理工程师批准执行。必要时，施工单位应当组织专家对专项施工方案进行论证、审核。"

施工单位可通过首件认可制度或通过监理单位监督检查落实专项施工方案。

"安全首件认可制"是对每一个分项工程，在开工前，从安全教育培训、安全技术交底、设备进场报验、安全防护措施、安全操作规程等方面进行分析、论证。按专项施工方案中的安全技术措施要求先完成样板工程，随后对施工过程中的各项安全管理活动进行评价，并对结果进行分析、对比，再对施工方案安全技术措施、现场安全控制要点进行修改完善，满足施工安全要求后允许作业。

按照"预防为主、先导试点"的原则，对首件工程的各项安全技术指标进行综合评价，确定最佳安全管理模式，建立安全标杆工程，以指导现场安全生产，预防和纠正后续施工中可能产生的安全问题。

从工序上以分项工程安全确保分部工程安全，以分部工程安全确保单位工程安全,以单位工程安全确保总体施工安全生产处于受控状态。以分项工程为基本单位分别进行,凡未经安全首件工程认可的分项工程,一律不得施工。

在按方案组织施工前或施工过程中,难免遇到因设计变更、施工组织调整等原因,导致原方案已不再适合或满足分部分项工程施工安全控制要求,在经建设、监理及施工单位共同核实后,允许修改方案,但要求修改后的专项施工方案必须重新审核和论证。

典型案例——

事故简要情况:2019年9月1日上午10时52分左右,某快速通道在建大桥在进行顶推钢箱梁作业时发生贝雷梁垮塌,事故造成4人死亡、15人受伤,直接经济损失约1049.56万元。

事故主要原因:未严格按照批准的专项方案进行施工。建设、监理、施工单位对于大桥实际施工方案与经过专家评审的专项方案不一致,未履行有效的审批程序,缺乏有效管控;钢箱梁架设过程无有资质的监控单位进行现场监控量测,并进行有效的指导控制。

7.3 隐患排查治理

7.3.1 施工单位应全员参与事故隐患排查治理,建设单位与监理单位应定期组织开展事故隐患排查,督促施工单位完善排查机制。

【解读】 本条规定了各参建单位在隐患排查治理中的工作职责及要求,强调隐患排查治理的全员参与机制,依据《建设工程安全生产管理条例》第十四条和《公路水运工程安全生产监督管理办法》第四十一条规定制定。

《建设工程安全生产管理条例》第十四条规定:"工程监理单位应当审查施工组织设计中的安全技术措施或者专项施工方案是否符合工程建设强制性标准。工程监理单位在实施监理过程中,发现存在安全事故隐患的,应当要求施工单位整改;情况严重的,应当要求施工单位暂时停止施工,并及时报告建设单位。施工单位拒不整改或者不停止施工的,工程监理单位应当及时向有关主管部门报告。"

《公路水运工程安全生产监督管理办法》第四十一条规定:"施工单位应当按规定开展安全事故隐患排查治理,建立职工参与的工作机制,对隐患排查、登记、治理等全过程闭合管理情况予以记录。事故隐患排查治理情况应当向从业人员通报，重大事故隐患还应当按规定上报和专项治理。”

从业单位应当建立隐患治理全员参与机制，畅通投诉、举报渠道，鼓励从业人员对施工生产活动中隐患治理责任不落实，危及施工安全的行为和状态进行投诉或举报，并切实保障投诉或举报人合法权益。

从业单位应当建立隐患日常排查、定期排查和专项排查工作机制，明确隐患排查的责任部门和人员、排查范围、程序、频次、统计分析、效果评价和评估改进等要求，及时发现并消除隐患。参建单位对发现或排查出的隐患，应当按照隐患分级判定指南，确定隐患等级，形成隐患清单。

隐患日常排查是参建单位结合日常工作组织开展的经常性隐患排查，排查范围应覆盖日常施工每个作业环节。

隐患定期排查是由参建单位根据项目施工生产特点，组织开展涵盖全部施工区域、作业环节的隐患排查。

隐患专项排查是参建单位在一定范围、区域组织开展的针对政府及有关管理部门安全工作专项部署，针对季节性、规律性安全生产条件变化，针对新工艺、新材料、新技术、新设备投入使用对安全生产条件形成的变化，以及针对安全生产事故情况等开展的隐患排查。

典型案例——

事故简要情况：2017 年 8 月 13 日 16 时 12 分，某道路改造工程 1 台汽车起重机在施工现场侧翻，吊臂砸中施工围挡外道路上正在行驶的一辆小轿车和一辆皮卡车，导致小轿车内 6 人中 4 人死亡、2 人受伤，直接经济损失约 413.7 万元。

事故主要原因：施工单位不按吊装方案施工存在事故隐患；监理单位在实施监理过程中，未发出隐患整改或暂时停止施工通知书，未履行安全监理职责；建设单位、施工单位、监理单位未认真落实国家和行业关于安全生产专项检查的要求，未在确保隐患已排除情况下开始复工。

7.3.2 重大事故隐患治理应明确责任、措施、资金、时限、预案等相关要求，整改过程中应采取相应的安全防范措施，整改治理完成后应通过验收。

【解读】 本条规定了重大事故隐患治理要求，明确了相关措施及验收程序，主要依据《公路水路行业安全生产事故隐患治理暂行办法》（交安监发〔2017〕60

号)第二十二条至第二十四条规定制定。

《公路水路行业安全生产隐患治理暂行办法》第二十二条规定:“重大隐患整改应制定专项方案,包括以下内容:

(一)整改的目标和任务;

(二)整改技术方案和整改期的安全保障措施;

(三)经费和物资保障措施;

(四)整改责任部门和人员;

(五)整改时限及节点要求;

(六)应急处置措施;

(七)跟踪督办及验收部门和人员。”

第二十三条规定:“重大隐患整改完成后,生产经营单位应委托第三方服务机构或成立隐患整改验收组进行专项验收。生产经营单位成立的隐患整改验收组成员应包括生产经营单位负责人、安全管理部门负责人、相关业务部门负责人和2名以上相关专业领域具有一定从业经历的专业技术人员。整改验收应根据隐患暴露出的问题,全面评估,出具整改验收结论,并由组长签字确认。”

第二十四条规定:“重大隐患整改验收通过的,生产经营单位应将验收结论向属地负有安全生产监督管理职责的交通运输管理部门报备,并申请销号。”

重大隐患排查整改要做到“五个落实”,即落实隐患排查治理责任、落实隐患排查治理措施、落实隐患排查治理资金、落实隐患排查治理时限、落实隐患排查治理预案。

典型案例——

事故简要情况:2021年7月15日,某隧道施工段发生透水事故,共造成14人死亡。在右洞施工过程中,施工人员正准备组织初期支护施工,值班人员听到异响后发现掌子面落渣,迅速组织施工人员疏散撤出隧道。随后,大量水涌入右线隧道并通过横通道涌入左线隧道,反向进水后导致左线隧道内14人被困于掌子面死亡。

事故主要原因:施工单位未及时对超前支护、循环开挖进尺、二次衬砌距掌子面距离等不符合安全规范的事故隐患进行治理;未及时排查消除爆破单位违规制定爆破设计方案、违规实施爆破作业及劳务分包单位未按照施工技术标准施工的事故隐患。

8　应急管理

8.1　应急准备

8.1.1　从业单位应建立预警机制，接收气象、水利、自然资源等机构发布的气象、海况、地质、水文等预警信息，及时对预警信息进行分析研判并传达给项目相关部门及人员。

【解读】　本条是关于从业单位应急预警机制建立要求的规定，主要是为及时接收灾害预警信息，采取相应响应处置措施，以避免或减少灾害影响，主要参考《中华人民共和国突发事件应对法》(2007 年 8 月 30 日　中华人民共和国主席令第 69 号)第四十二条、第四十三条规定制定。

《中华人民共和国突发事件应对法》第四十二条规定："国家建立健全突发事件预警制度。可以预警的自然灾害、事故灾难和公共卫生事件的预警级别，按照突发事件发生的紧急程度、发展势态和可能造成的危害程度分为一级、二级、三级和四级，分别用红色、橙色、黄色和蓝色标示，一级为最高级别。预警级别的划分标准由国务院或者国务院确定的部门制定。"

第四十三条规定："可以预警的自然灾害、事故灾难或者公共卫生事件即将发生或者发生的可能性增大时，县级以上地方各级人民政府应当根据有关法律、行政法规和国务院规定的权限和程序，发布相应级别的警报，决定并宣布有关地区进入预警期，同时向上一级人民政府报告，必要时可以越级上报，并向当地驻军和可能受到危害的毗邻或者相关地区的人民政府通报。"

从业单位应建立预警信息接收及预警启动机制，及时组织本单位应急救援队伍和工作人员营救受害人员，疏散、撤离、安置受到威胁的人员，控制危险源，标明危险区域，封锁危险场所，并采取其他防止危害扩大的必要措施。

应急响应主要包括信息报告、预警、响应启动、应急处置、响应终止等环节。接到预警信息后，应对信息进行综合研判，根据事故性质、严重程度、影响范围和可控性，结合应急预案响应分级所明确的条件，按规定程序启动应急预案，做好信息公开、资源调度及对外沟通联络，同时注意跟踪事态发展，科学分析处置需求，及时调整响应级别。若未达到响应启动条件的，应急领导小组可做出预警启动的决策，做好响应准备，实时跟踪事态发展。

8.1.2 从业单位应有计划地开展应急宣传教育与培训工作，使从业人员熟悉应急管理要求及紧急避险措施。

【解读】 本条是关于应急宣传培训教育要求的规定，主要依据《中华人民共和国安全生产法》第二十五条、第四十条，《公路水运工程安全生产监督管理办法》第四十三条规定制定。

> 《中华人民共和国安全生产法》第二十五条规定："生产经营单位应当对从业人员进行安全生产教育和培训，保证从业人员具备必要的安全生产知识，熟悉有关的安全生产规章制度和安全操作规程，掌握本岗位的安全操作技能，了解事故应急处理措施，知悉自身在安全生产方面的权利和义务。未经安全生产教育和培训合格的从业人员，不得上岗作业。"第四十条规定："生产经营单位对重大危险源应当登记建档，进行定期检测、评估、监控，并制定应急预案，告知从业人员和相关人员在紧急情况下应当采取的应急措施。"
>
> 《公路水运工程安全生产监督管理办法》第四十三条规定："作业人员有权了解其作业场所和工作岗位存在的风险因素、防范措施及事故应急措施，有权对施工现场存在的安全问题提出检举和控告，有权拒绝违章指挥和强令冒险作业。"

应急宣传教育培训是从业人员安全培训教育的重要内容之一，开展应急宣传培训教育，既是落实安全生产保障的重要措施，也是压实生产经营单位安全主体责任的重要体现。《中华人民共和国安全生产法》规定了生产经营单位必须对从业人员进行安全生产教育和培训，而"事故应急处理措施"是安全培训教育的重要内容之一。

此外，对从业人员通过进场教育、班前会等平台，以及作业过程风险辨识、安全技术交底等环节，采用现场示范、VR 体验、多媒体等形式多元化开展应急宣传培训，可以有效提高从业人员安全认识，提升其应急知识、应急技能，帮助其掌握自救互救和应急避险逃生技能，减少事故伤亡。对项目管理人员、专兼职应急救援队伍还应开展应急预案、应急知识的培训，通过桌面演练使相关人员了解应急预案内容，熟悉应急职责、应急处置流程和措施，通过实操演练、应急技能比武等活动提升应急处置能力。

典型案例——

事故简要情况：2018 年 2 月 7 日，某轨道交通路线一期工程土建一标段盾构区间右线工地突发透水，引发隧道及路面坍塌，造成 11 人死亡、1 人失踪、8 人受伤,直接经济损失约5323.8万元。

事故主要原因:安全生产教育和培训不到位且未按规定如实记录部分劳务派遣人员安全生产教育和培训情况,对于涌水突泥等严重情况未明确紧急情况下撤人的时机和程序、未提出紧急避险措施。

8.1.3 施工单位应开展应急资源调查,配备必要的应急救援设备、物资及器材,建立使用档案,并定期维护保养。

【解读】 本条是关于应急资源调查的规定,依据《中华人民共和国安全生产法》第七十九条、《生产安全事故应急条例》(2019年2月17日 国务院令第708号)第十三条第二款和《公路水运工程安全生产监督管理办法》第二十五条第二款规定制定。

《中华人民共和国安全生产法》第七十九条规定:"国家加强生产安全事故应急能力建设,在重点行业、领域建立应急救援基地和应急救援队伍,并由国家安全生产应急救援机构统一协调指挥;鼓励生产经营单位和其他社会力量建立应急救援队伍,配备相应的应急救援装备和物资,提高应急救援的专业化水平。"

《生产安全事故应急条例》第十三条第二款规定:"易燃易爆物品、危险化学品等危险物品的生产、经营、储存、运输单位,矿山、金属冶炼、城市轨道交通运营、建筑施工单位,以及宾馆、商场、娱乐场所、旅游景区等人员密集场所经营单位,应当根据本单位可能发生的生产安全事故的特点和危害,配备必要的灭火、排水、通风以及危险物品稀释、掩埋、收集等应急救援器材、设备和物资,并进行经常性维护、保养,保证正常运转。"

《公路水运工程安全生产监督管理办法》第二十五条第二款规定:"施工单位应当依法建立应急救援组织或者指定工程现场兼职的、具有一定专业能力的应急救援人员,配备必要的应急救援器材、设备和物资,并进行经常性维护、保养。"

应急资源调查是编制应急预案的重要的基础,主要包括:本单位可调用的应急队伍、装备、物资、场所;生产过程及存在的风险可采用的监测、监控、报警手段;上级单位、当地政府及周边企业可提供的应急资源;可协调使用的医疗、消防、专业抢险救援机构及其他社会化应急救援力量。结合应急资源调查结论和施工风险辨识评估结论,针对性地配备应急救援设备、物资及器材,以保障应急措施的科学性和可操作性。同时,应急救援设备、物资及器材应建立使用档案,做好经常性检查维护保养,并动态更新。

8.1.4 施工单位应建立兼职应急救援队伍,兼职救援人员应经过相应应急救援能力培训,宜与工程所在地应急救援机构签订应急救援服务协议。

【解读】 本条是关于应急救援队伍建设要求的规定,依据《中华人民共和国安全生产法》第七十九条、《建设工程安全生产管理条例》第四十八条以及《生产安全事故应急条例》第十条、第十一条规定制定。

《中华人民共和国安全生产法》第七十九条规定:“国家加强生产安全事故应急能力建设,在重点行业、领域建立应急救援基地和应急救援队伍,并由国家安全生产应急救援机构统一协调指挥;鼓励生产经营单位和其他社会力量建立应急救援队伍,配备相应的应急救援装备和物资,提高应急救援的专业化水平。”

《建设工程安全生产管理条例》第四十八条规定:“施工单位应当制定本单位生产安全事故应急救援预案,建立应急救援组织或者配备应急救援人员,配备必要的应急救援器材、设备,并定期组织演练。”

《生产安全事故应急条例》第十条规定:“易燃易爆物品、危险化学品等危险物品的生产、经营、储存、运输单位,矿山、金属冶炼、城市轨道交通运营、建筑施工单位,以及宾馆、商场、娱乐场所、旅游景区等人员密集场所经营单位,应当建立应急救援队伍;其中,小型企业或者微型企业等规模较小的生产经营单位,可以不建立应急救援队伍,但应当指定兼职的应急救援人员,并且可以与邻近的应急救援队伍签订应急救援协议。工业园区、开发区等产业聚集区域内的生产经营单位,可以联合建立应急救援队伍。”第十一条规定:“应急救援队伍的应急救援人员应当具备必要的专业知识、技能、身体素质和心理素质。应急救援队伍建立单位或者兼职应急救援人员所在单位应当按照国家有关规定对应急救援人员进行培训;应急救援人员经培训合格后,方可参加应急救援工作。应急救援队伍应当配备必要的应急救援装备和物资,并定期组织训练。”

项目主要负责人对本单位的生产安全事故应急工作全面负责。项目针对施工风险情况,组建兼职应急救援队伍(应急救援人员应具备必要的专业知识、技能、身体素质和心理素质),应对生产安全事故先期处置和自救互救;有条件的工程项目,尤其是项目位置偏僻、安全风险极高的工程或项目,还可考虑组建专业救援队伍(如隧道专业救援队等),以提高项目应急救援能力。如工程所在地有国家级专业救援队、水上救援队、消防队、海事部门、医疗机构等应急救援机构的,工程项目施工单位可以与其签订应急救援服务协议,提高项目的综合应急救援能力。为保证应急救援人员的安全,应急救援队伍建立单位或者兼职应急救援人员所在单位应当按照国家有关规定对应急救援人员进行培训;应急救援人员经培训合格后,方可参加应急救援工作。应急救援队伍应当配备必要的应急救援装备和物资，并定期组织训练。

项目应按照应急预案规定的应急物资进行足额配置，明确应急物资和装备的类型、数量、性能、存放位置、运输及使用条件、更新及补充时限、管理责任人及其联系方式，并建立应急物资台账。

8.1.5 建设单位应掌握各标段应急资源及应急救援队伍情况，根据应急工作需要协调调度应急资源。

【解读】 本条是关于建设单位协调工程应急资源要求的规定，主要依据《生产安全事故应急条例》第十七条规定制定。

《生产安全事故应急条例》第十七条规定："发生生产安全事故后，生产经营单位应当立即启动生产安全事故应急救援预案，采取下列一项或者多项应急救援措施，并按照国家有关规定报告事故情况：

（一）迅速控制危险源，组织抢救遇险人员；

（二）根据事故危害程度，组织现场人员撤离或者采取可能的应急措施后撤离；

（三）及时通知可能受到事故影响的单位和人员；

（四）采取必要措施，防止事故危害扩大和次生、衍生灾害发生；

（五）根据需要请求邻近的应急救援队伍参加救援，并向参加救援的应急救援队伍提供相关技术资料、信息和处置方法；

（六）维护事故现场秩序，保护事故现场和相关证据；

（七）法律、法规规定的其他应急救援措施。"

公路工程项目标段多、线路长，多地处山区，应急资源及应急救援队伍调配不方便。因而，需充分发挥好工程建设单位综合协调和资源调配的作用，建立各标段间应急资源、应急救援队伍协调调度机制。遇到突发事件时，建设单位可根据事发标段需要请求，根据项目总体应急预案中应急资源配置情况，调配邻近标段的应急救援队伍、应急资源参加应急救援，并向参加救援的应急救援队伍提供相关技术、信息等支撑。

8.2 预案编制

8.2.1 建设单位应根据工程项目施工安全生产的特点与风险评估结论，编制项目综合应急预案。

【解读】　本条是关于建设单位编制工程项目综合应急预案要求的规定，主要依据《生产安全事故应急条例》第五条第二款、《公路水运工程安全生产监督管理办法》第二十五条第一款、《公路水运工程安全生产事故应急预案》第 4.1 条规定制定。

《生产安全事故应急条例》第五条第二款规定："生产经营单位应当针对本单位可能发生的生产安全事故的特点和危害，进行风险辨识和评估，制定相应的生产安全事故应急救援预案，并向本单位从业人员公布。"

《公路水运工程安全生产监督管理办法》第二十五条第一款规定："建设、施工等单位应当针对工程项目特点和风险评估情况分别制定项目综合应急预案、合同段施工专项应急预案和现场处置方案，告知相关人员紧急避险措施，并定期组织演练。"

《公路水运工程安全生产事故应急预案》第 4.1 条规定："公路水运工程项目生产安全事故应急预案体系一般由项目综合应急预案、合同段施工专项应急预案与现场处置方案组成。"

应急预案是针对公路水运工程项目可能发生的生产安全事故，为最大程度减少事故损害而预先制定的应急准备工作方案；项目综合应急预案是建设单位为应对项目可能发生的各种生产安全事故而制定的总体工作方案，应从总体上阐述项目应急领导机构、预警预防、应急联动、现场救援、应急资源调配等要求。

根据《公路水运工程生产安全事故应急预案编制要求》（JT/T 1405—2022）的要求，建设单位应当组织项目参建单位，根据项目组织管理体系、建设规模和风险特点等科学合理确定公路水运工程项目应急预案体系。

8.2.2　施工单位应结合合同段施工安全风险评估结论，编制合同段施工专项应急预案或现场处置方案，宜结合特定场所、重点岗位风险特点编制应急处置卡。

【解读】　本条规定了施工单位编制合同段专项应急预案、现场处置方案的要求，主要依据《建设工程安全生产管理条例》第四十九条、《公路水运工程安全生产监督管理办法》第二十五条第一款、第三十五条第二款规定制定。

《建设工程安全生产管理条例》第四十九条规定："施工单位应当根据建设工程施工的特点、范围，对施工现场易发生重大事故的部位、环节进行监控，制定施工现场生产安全事故应急救援预案。实行施工总承包的，由总承包单位统一组织编制建设工程生产安全事故应急救援预案，工程总承包单位和分包单位按照应急救援预案，各自建立应急救援组织或者配备应急救援人员，配备救援器材、设备，并定期组织演练。"

《公路水运工程安全生产监督管理办法》第二十五条第一款规定:“建设、施工等单位应当针对工程项目特点和风险评估情况分别制定项目综合应急预案、合同段施工专项应急预案和现场处置方案,告知相关人员紧急避险措施,并定期组织演练。”第三十五条第二款规定,项目负责人对项目安全生产工作负有下列职责:……(八)组织制定本合同段施工专项应急预案和现场处置方案,并定期组织演练。

依据《公路水运工程安全生产监督管理办法》,工程项目的合同段施工专项应急预案和现场处置方案,由项目施工单位组织制定。专项应急预案和现场处置方案所针对的对象和发挥的作用均不相同。

根据《公路水运工程生产安全事故应急预案编制要求》(JT/T 1405—2022)的要求,合同段施工专项应急预案是施工单位为应对单位工程、分部分项工程施工中某一种或者多种类型的生产安全事故而制定的专项应对方案,重点规范应急组织机构以及应急救援处置程序和措施。合同段施工专项应急预案的内容应包括适用范围、风险事件描述、应急组织机构、处置程序、处置措施与应急预案管理。

现场处置方案是施工单位根据不同生产安全事故类型,针对具体部位、作业环节和设施设备等制定的应急处置措施,重点分析风险事件,规范应急工作职责、处置措施和注意事项,应突出班组自救互救与先期处置的特点。现场处置方案的内容应包括风险事件描述、应急工作职责、处置措施与注意事项。

对危险性较大工程与现行《公路水运工程施工安全风险评估指南》(JT/T 1375)确定的风险等级较大及以上作业活动,应组织编制合同段施工专项应急预案与现场处置方案。对风险等级较小及以下作业活动的合同段,可只编制现场处置方案。

在合同段施工专项应急预案或现场处置方案的基础上,施工单位宜针对工作岗位特点编制应急处置卡。

典型案例——

事故简要情况:2019年11月26日,某高速公路隧道发生涌水突泥事故,在发生隧道第一次涌水突泥后,现场施工人员自发盲目实施救援,最终造成12人死亡、10人受伤,直接经济损失2525.01万元。

事故主要原因:事故调查认定,施工总承包单位制定的涌水突泥专项应急预案缺乏针对性和可操作性,未开展涌水突泥专项应急演练,日常安全教育培训和管理不到位,对下属单位监督管理不到位,未有效实施现场救援管理。

8.2.3 建设单位和施工单位编制的应急预案应与上级单位、项目属地负有安全生产监督管理职责的交通运输管理部门和应急管理部门等相关单位的应急预案保持衔接。

【解读】 本条是关于应急预案衔接要求的规定,主要参考《中华人民共和国安全生产法》第八十一条、《生产安全事故应急条例》第七条第二款规定制定。

《中华人民共和国安全生产法》第八十一条规定:"生产经营单位应当制定本单位生产安全事故应急救援预案,与所在地县级以上地方人民政府组织制定的生产安全事故应急救援预案相衔接,并定期组织演练。"

《生产安全事故应急条例》第七条第二款规定:"易燃易爆物品、危险化学品等危险物品的生产、经营、储存、运输单位,矿山、金属冶炼、城市轨道交通运营、建筑施工单位,以及宾馆、商场、娱乐场所、旅游景区等人员密集场所经营单位,应当将其制定的生产安全事故应急救援预案按照国家有关规定报送县级以上人民政府负有安全生产监督管理职责的部门备案,并依法向社会公布。"

依据《生产安全事故应急条例》和《生产安全事故应急预案管理办法》,公路水运工程项目的应急预案应向属地应急管理部门和负有安全生产监督管理职责的交通运输管理部门备案,并保证应急预案与相关单位相互衔接。

项目综合应急预案、合同段施工专项应急预案和现场处置方案之间应相互衔接,应急预案衔接的要点主要包括:一是应急组织机构及职责的衔接,建立各方共同参与,统一的应急指挥体系;二是应急工作制度和工作流程的衔接,建立生产安全事故信息报告、信息沟通、快速应急处置等衔接机制;三是应急救援队伍的衔接,实现应急救援队伍的建立、训练和调配的有效衔接;四是应急宣传培训、应急演习的衔接,建立非应急工作状态下互动联系机制,确保预案协调联动;五是应急资源和应急装备的调度,建立应急物资、装备的调用与配置衔接机制,以便快速有效地开展应急救援;六是应急预案内部和外部信息报告(程序、方式、时限)、信息共享及信息研判机制等的衔接。《生产安全事故应急预案管理办法》第十六条规定了备案的具体流程和要求。

8.2.4 建设单位和施工单位应建立应急预案定期评估机制,对预案内容的针对性和实用性进行分析评估,并及时修订和更新。

【解读】 本条是关于应急预案定期评估修订要求的规定,主要参考《生产安全事故应急条例》第六条规定制定。

《生产安全事故应急条例》第六条规定:"生产安全事故应急救援预案应

当符合有关法律、法规、规章和标准的规定，具有科学性、针对性和可操作性，明确规定应急组织体系、职责分工以及应急救援程序和措施。有下列情形之一的，生产安全事故应急救援预案制定单位应当及时修订相关预案：（一）制定预案所依据的法律、法规、规章、标准发生重大变化；（二）应急指挥机构及其职责发生调整；（三）安全生产面临的风险发生重大变化；（四）重要应急资源发生重大变化；（五）在预案演练或者应急救援中发现需要修订预案的重大问题；（六）其他应当修订的情形。”

建设单位和施工单位应定期对预案内容的针对性和实用性进行分析，定期进行应急预案评估。主要对应急预案管理要求、组织机构和职责、主要事故风险、应急资源、应急预案衔接及应急级别划分方面的变化情况，以及实施反馈中发现的问题进行评估。

当制定应急预案所依据的法律法规发生重大变化、人员组织机构发生调整、项目安全风险发生变化，以及演练中发现预案有需要修改等影响应急预案科学性、针对性和可操作性时，需及时对应急预案进行修改完善。

8.3　应急演练

8.3.1　建设单位应结合本项目特点，制订项目综合应急预案演练计划，并组织实施。

【解读】　本条是关于建设单位组织开展综合应急演练的规定，主要参考《生产安全事故应急条例》第八条第二款规定制定。

《生产安全事故应急条例》第八条第二款规定：“易燃易爆物品、危险化学品等危险物品的生产、经营、储存、运输单位，矿山、金属冶炼、城市轨道交通运营、建筑施工单位，以及宾馆、商场、娱乐场所、旅游景区等人员密集场所经营单位，应当至少每半年组织1次生产安全事故应急救援预案演练，并将演练情况报送所在地县级以上地方人民政府负有安全生产监督管理职责的部门。”

演练计划需要从需求分析、明确任务、制订计划三方面着手。建设单位应全面分析和评估应急预案、应急职责、应急处置工作流程和指挥调度程序、应急技能和应急装备物资的实际情况，提出需通过应急演练解决的内容，有针对性地确定应急演练目标，提出应急演练的初步内容和主要科目。确定应急演练的事故情景类型、等级、发生地域，演练方式，参演单位，应急演练各阶段主要任务，应急演练实施的拟定日期。根据需求分析及任务安排，组织人员编制演练计划文本。根据《生产安全事故应急演练基本规范》（AQ/T 9007—2019）规定，应急演练实施基本流程包括计划、准备、实施、评估总结、持续改进五个阶段。

8.3.2 施工单位应制订本合同段的应急预案演练计划，组织合同段施工专项应急预案或现场处置方案应急演练。

【解读】 本条是关于施工单位开展应急演练的规定，主要参考《生产安全事故应急条例》第八条第二款规定制定。

> 《生产安全事故应急条例》第八条第二款规定："易燃易爆物品、危险化学品等危险物品的生产、经营、储存、运输单位，矿山、金属冶炼、城市轨道交通运营、建筑施工单位，以及宾馆、商场、娱乐场所、旅游景区等人员密集场所经营单位，应当至少每半年组织1次生产安全事故应急救援预案演练，并将演练情况报送所在地县级以上地方人民政府负有安全生产监督管理职责的部门。"

公路水运工程项目施工单位应组织开展专项应急预案演练或现场处置方案的演练。演练应针对项目存在的危大工程，以及重大风险部位确定演练的科目和形式，并定期组织开展演练。按演练形式可以分为桌面演练或实战演练。对于专项应急预案的演练，可以以桌面演练或实战演练的方式组织，重点演练预警及信息报送、指挥与协调、资源调配、现场警戒、应急抢险、人员疏散安置、伤员救助、信息发布等内容，检验专项应急预案的可行性。对于现场处置方案的演练，宜以实战演练的方式组织，重点围绕信息报送、人员疏散、应急抢险、伤员救助等内容，演练某个或多个岗位的特定环节的应急处置措施。

典型案例——

事故简要情况：2014年12月4日，某高速公路项目隧道发生塌方事故，将整个隧道堵死，导致位于洞内掌子面处上台阶钻孔、喷浆作业的21人被困。

事故主要原因：经事故调查组认定，施工单位安全生产制度不落实，对风险认识与管控不足。隧道施工专项应急预案，针对性、可操作性不强，未结合应急预案组织开展安全应急演练，是导致事故的原因之一。

8.3.3 应急预案演练组织单位应对应急预案演练效果进行评估，编写应急预案演练评估报告，分析存在的问题，提出应急预案修订意见。

【解读】 本条是关于应急演练评估的规定，主要依据《生产安全事故应急预案管理办法》第三十四条规定制定。

《生产安全事故应急预案管理办法》第三十四条规定:"应急预案演练结束后,应急预案演练组织单位应当对应急预案演练效果进行评估,撰写应急预案演练评估报告,分析存在的问题,并对应急预案提出修订意见。"

应急演练结束后,演练组织单位应当对应急预案演练效果进行评估,撰写应急预案演练评估报告,分析存在的问题,并对应急预案提出修订意见。然后,根据演练评估提出的意见和建议,对照应急预案进行逐一修订。对演练效果进行评估,目的是查找不足,完善应急预案以促进应急管理水平的不断提升。

应急演练评估应采用书面评估。书面评估是由应急演练评估小组成员,对照演练评估标准,对应急演练的全过程进行客观评价,并形成评估报告,评估的重点内容包括演练的策划组织情况、演练目标达成情况、参演人员的专业表现、存在的主要问题等。

9 临时设施与设备

9.1 两区三场

9.1.1 两区三场选址应符合安全性要求,考虑周边地形地质、水文气象、既有建(构)筑物、线路管道等因素,在滑坡、崩塌等不良地质区域施工的应开展地质灾害危险性评估,采取有效安全防护措施。两区三场不应设置在已发现的泥石流影响区、滑坡体等危险区域。

【解读】 本条是对两区三场选址和采取安全防护措施的有关规定,主要参考《建设工程安全生产管理条例》第二十九条、《公路水运工程安全生产监督管理办法》第二十二条、《公路工程施工安全技术规范》(JTG F90—2015)第4.1.1条和《公路水运工程平安工地建设管理办法》等规定制定。

《建设工程安全生产管理条例》第二十九条规定:"施工单位应当将施工现场的办公、生活区与作业区分开设置,并保持安全距离;办公、生活区的选址应当符合安全性要求。职工的膳食、饮水、休息场所等应当符合卫生标准。施工单位不得在尚未竣工的建筑物内设置员工集体宿舍。"

《公路水运工程安全生产监督管理办法》第二十二条规定:"公路水运工程施工现场的办公、生活区与作业区应当分开设置,并保持安全距离。办公、生活区的选址应当符合安全性要求,严禁在已发现的泥石流影响区、滑坡体等危险区域设置施工驻地。"

《公路工程施工安全技术规范》(JTG F90—2015)第4.1.1条规定:“施工现场驻地和场站应选在地质良好的地段,应避开易发生滑坡、塌方、泥石流、崩塌、落石、洪水、雪崩等危险区域,宜避让取土、弃土场地。”

《公路水运工程平安工地建设管理办法》附件《公路水运工程平安工地建设考核评价指导性标准》附表1.2规定:“施工现场的办公、生活区与作业区分开设置。办公、生活区的选址应当符合安全性要求,施工单位根据企业规定组织验收。”

为加强安全生产事前预防,避免两区三场建造在危险区域,造成群死群伤,根据《公路工程施工安全技术规范》(JTG F90—2015)选址的安全性要求,主要是指两区三场选址应选在地质良好的地段,避免设在可能发生塌方、泥石流、水淹等地质灾害区域及高压线下,避开取弃土场,离集中爆破区500m以外。开展地质灾害危险性评估主要是委托有相关资质的专业单位,查清两区三场所处区域的地质灾害活动历史、形成条件、变化规律与发展趋势的基础,对地质灾害活动程度和危害能力进行分析评判,为选址决策提供科学依据。

典型案例——

事故简要情况:2014年10月10日,某高速工程的施工单位驻地工人宿舍侧面发生山体滑坡,造成8间临时宿舍被冲垮,正在休息的21人被埋,其中19人死亡,2人经抢救脱离生命危险。

事故主要原因:施工单位驻地工人宿舍位于山体滑坡体(不良地质)下方的危险区域,选址不当。当发生山体滑坡时,工棚内的工人避险不及,瞬间被埋,造成事故的发生。

9.1.2　两区三场应进行总体布局规划,生活区、办公区与施工现场应分开设置并保持安全距离,钢筋加工场、拌和场和预制场场内应合理分区。两区三场厂房设计应满足当地防风、防雪、防汛、防雷、防风暴潮等相关要求,防火措施应符合GB 50720的规定,生活区、办公区用房建筑构件其芯材的燃烧性能等级应为A级。

【解读】　本条是对两区三场安全距离、设计要求和消防要求的有关规定,主要根据《建设工程安全生产管理条例》第二十九条和《公路工程施工安全技术规范》(JTG F90—2015)第4.1.2条、第4.1.3条、第4.1.6条、第4.1.7条规定制定。

《建设工程安全生产管理条例》第二十九条规定:“施工单位应当将施工

现场的办公、生活区与作业区分开设置，并保持安全距离；办公、生活区的选址应当符合安全性要求。职工的膳食、饮水、休息场所等应当符合卫生标准。施工单位不得在尚未竣工的建筑物内设置员工集体宿舍。”

《公路工程施工安全技术规范》(JTG F90—2015)第4.1.2条规定：“施工现场生产区、生活区、办公区应分开设置，距离集中爆破区应不小于500m。”第4.1.3条规定：“施工现场临时用房、临时设施、生产区、办公区的防火间距应符合现行《建设工程施工现场消防安全技术规范》(GB 50720)的相关要求。”第4.1.6条规定：“材料加工场加工棚宜采用轻钢结果，并应采取防雨雪、防风措施。”第4.1.7条规定：“拌和及起重设备应设置防倾覆和防雷设施。”

总体布局规划主要是指两区三场建设须先进行选址、规划，并编制临建施工方案(明确给排水设计和用电方案)，消防、环(水)保、卫生、临时用电等应满足相关规定和标准要求。合理分区是指“三场”应采用封闭式管理，场地须进行硬化，如预制场应科学合理设置钢筋绑扎区、制梁区、存梁区等功能区，生产区和生活区应分离，并保持一定的安全距离等。两区三场内外应做好防排水措施，排水系统应保持通畅，特别是生活区后排水沟应充分考虑暴雨季节的汇水排洪量，确保雨季内排水不溢出水沟进入场区。

典型案例——

事故简要情况：2016年4月13日凌晨5时38分左右，广东省东莞市麻涌镇东江口预制构件厂一台通用门式起重机发生倾覆，压塌轨道终端附近的部分住人集装箱组合房，造成18人死亡、33人受伤，直接经济损失1861万元。

事故主要原因：该预制构件场违法组织建设集装箱组合房，选址未进行安全评估，未保持安全距离，未进行有效隔离或采取其他有效防范措施，存在安全隐患。对灾害性天气防范工作认识不足，面对恶劣天气，未组织采取有效防控措施，未对施工现场及周边环境开隐患排查，未发现事故起重机夹轨器未处于工作状态，未能及时采取措施消除隐患。

9.1.3　两区三场重要结构、设施设备应按7.2的要求编制专项施工方案。

【解读】　本条是对两区三场施工方案编制的有关规定，依据《公路水运工程平安工地建设管理办法》附表2、附表4和《“两区三厂”建设安全标准化指南》的相关要求制定。

《“两区三厂”建设安全标准化指南》规定:“‘两区三厂’建设前,施工单位应编制建设与拆除总体方案,总体方案由施工单位技术负责人组织相关部门的专业技术人员进行内审,内审合格后上报监理单位审批,通过后方可实施;重要结构、设备、设施应另行编制安全专项施工方案,重点部位或关键工序应在方案中体现。”

需编制安全专项施工方案的重点部位或关键工序主要包括:拌和楼基础、储料罐基础、储料仓大棚、隔墙、拌和楼安装与拆除、制梁、存梁台座、钢筋加工场、门式起重机安装与拆除等。

两区三场中的“场”意为场地,主要指项目工程建设当中临时设立的用于钢筋加工、混凝土拌合和构件预制工作的场所。“两区三厂”是品质工程攻关行动的成果,侧重于推动工厂化、标准化,引领高质量建造方向。本条款是对两区三场的常规要求,故使用“场”。

9.1.4 两区三场宜实施视频监控与封闭管理,对存在物体打击、机械伤害、车辆伤害等事故风险的作业区域应采取隔离、警示、防护等措施。

【解读】 本条是对两区三场视频监控、封闭管理、安全防护的有关规定,主要参考《公路工程施工安全技术规范》(JTG F90—2015)第4.1.6条、第4.1.7条规定制定。

《公路工程施工安全技术规范》(JTG F90—2015)第4.1.6条、第4.1.7条规定:“材料加工场内应设置明显的安全警示标志及相关工种的操作规程。预制场、拌和场应合理分区、硬化场地,并应设置排水设施;料仓墙体强度和稳定性应满足要求,料仓墙体外围应设置警戒区,距离宜不小于墙高2倍。”

两区三场实行封闭式管理、采用门禁系统,对办公室和搅拌站等重要场所进行视频监控。相关的隔离、警示、防护等措施可参照《“两区三厂”建设安全标准化指南》。警示、警戒措施主要是为了对危险物进行安全预警,对存在倾覆风险的区域进行警戒。例如在生活区与拌合区之间设置警戒区,保证安全距离,要求两者距离不应小于单个储料罐高度,防止水泥罐的倾覆风险等。

防护措施主要是为防止发生两区三场内部出现车辆伤害、机械伤害、物体打击、高处坠落、淹溺和起重伤害等,而采取的物理隔离措施。例如拌和楼两侧立柱前方应设置防撞设施,沉淀池、变压器四周应设置防护栏杆等。

9.1.5 两区三场应验收合格后投入使用。

【解读】 本条是对两区三场检验验收的有关规定,依据《公路水运工程平安工地建设管理办法》附表1安全条件核查表有关规定制定。

《公路水运工程平安工地建设管理办法》中附表1安全生产条件核查表，表1.2第7条规定："施工现场的办公、生活区与作业区分开设置。办公、生活区的选址应当符合安全性要求，施工单位根据企业规定组织验收。"

两区三场交付使用前，施工单位应进行自检，合格后向监理单位提交自检资料，并申请验收。按规定单位验收合格后，方可投入使用。

9.2 临时用电

9.2.1 施工现场应根据工程规模、场地特点、负荷性质、用电容量、供电条件等编制临时用电组织设计，经审核批准后实施。

【解读】 本条规定了施工现场临时用电应根据实际情况编制临时用电组织设计，并经批准后严格实施，主要依据《建设工程施工现场供用电安全规范》(GB 50194—2014)、《公路工程施工安全技术规范》(JTG F90—2015)第4.4.2条和《公路水运工程平安工地建设管理办法》相关要求制定。

《公路工程施工安全技术规范》(JTG F90—2015)第4.4.2条规定："施工用电设备数量在5台及以上，或用电设备容量在50kW及以上时，应编制用电组织设计。"

《公路水运工程平安工地建设管理办法》附件《公路水运工程平安工地建设考核评价指导性标准》附表1规定："施工组织设计文件中应按规定编制安全技术措施和施工现场临时用电方案，并经监理审批。"附表2规定："临时用电方案按规定制定临时用电方案。标注临时用电平面布置图，附施工现场用电负荷计算资料。"

临时用电组织设计及变更时，必须履行"编制、审核、批准"程序，由电气工程技术人员组织编制，经相关部门审核及具有法人资格企业的技术负责人批准后实施。

施工现场临时用电组织设计应包括下列内容：

(1)现场勘测；

(2)确定电源进线、变电所或配电室、配电装置、用电设备位置及线路走向；

(3)进行负荷计算；

(4)选择变压器；

(5)设计配电系统：

①设计配电线路，选择导线或电缆；

②设计配电装置，选择电器；

③设计接地装置;

④绘制临时用电工程图纸,主要包括用电工程总平面图、配电装置布置图、配电系统接线图、接地装置设计图。

(6)设计防雷装置;

(7)确定防护措施;

(8)制定安全用电措施和电气防火措施。

9.2.2 施工现场临时用电应实行三级配电,设置逐级回路保护,并应符合GB 50194的规定。用电设备应满足“一机一闸一漏”的要求,动力开关箱与照明开关箱应分别设置,定期维修检查。

【解读】 本条规定了施工现场临时用采用TN-S系统供电的基本要求,依据《建设工程施工现场供用电安全规范》(GB 50194—2014)第6.1.1条、第6.3.2条规定制定。

> 《建设工程施工现场供用电安全规范》(GB 50194—2014)第6.1.1条规定:“低压配电系统宜采用三级配电,宜设置总配电箱、分配电箱、末级配电箱。”第6.3.2条规定:“动力配电箱与照明配电箱宜分别设置。当合并设置为同一配电箱时,动力和照明应分路供电;动力末级配电箱与照明末级配电箱应分别设置。”

施工现场临时用电工程专用的电源中性点直接接地的220/380V三相四线制低压电力系统,应采用三级配电系统、TN-S接零保护系统。

配电系统应设置配电柜或总配电箱、分配电箱、开关箱,实行三级配电。

在施工现场专用变压器的供电的TN-S接零保护系统中,电气设备的金属外壳必须与保护零线连接。

典型案例——

事故简要情况:2020年6月10日下午3时5分,某高速公路施工区域,2名施工人员下班回宿舍途中,经过施工便道,1名工人突然倒地,后面的工友看到此景后前去搀扶,结果在离他2m处也突然倒地。事后调查,便道钢板直接压在局部电缆段上,重车在钢板上行走,钢板电缆接触部位反复摩擦导致电缆破损、切口漏电,加之雨天施工人员在现场行走,形成电流回路,导致施工人员触电身亡。

事故主要原因：施工现场定期维修检查工作不到位，且未按规定设置供电箱，未设置符合要求的漏电保护器，未按规范接零接地。

9.2.3 水上或潮湿地带电缆线应绝缘良好并具有防水功能，船舶进出的通行航道、抛锚区和锚缆摆动区不应架设或布设临时电缆线。

【解读】 本条规定了水上或潮湿地带等条件下的临时用电特殊安全要求，依据《水运工程施工安全防护技术规范》(JTS 205-1—2008)第4.4.3条、第4.4.6条规定制定。

> 《水运工程施工安全防护技术规范》(JTS 205-1—2008)第4.4.3条规定："水上或潮湿地带的电缆线，必须绝缘良好并具有防水功能，电缆线接头必须进行防水处理。"第4.4.6条规定："船舶进出的通行航道、抛锚区和锚缆摆动区严禁架设或布设临时电缆线。"

除上述要求外，电缆的中间接头应能保证原电缆的电气特性，并能防水且绝缘可靠；直埋电缆的中间接头宜采用热缩或冷缩工艺，接头处应采取防水措施，并应绝缘良好。中间接头不得浸泡在水中。

9.3 便道便桥、临时码头

9.3.1 便道便桥、临时码头应根据施工荷载、使用功能、环境条件等进行设计，便道宜避开不良地质地段，便桥应考虑洪水、风浪、潮汐、通航等因素的影响，临时码头宜选址在岸坡稳定、波浪和流速较小的岸段。

【解读】 本条规定了便道便桥、临时码头的设计要求，依据《水运工程施工安全防护技术规范》(JTS 205-1—2008)第4.3.1条、第4.3.2条和《公路工程施工安全技术规范》(JTG F90—2015)第4.2.3条、第4.3.1条、第4.3.2条规定制定。

> 《水运工程施工安全防护技术规范》(JTS 205-1—2008)第4.3.1条规定："临时码头宜选择在水域开阔、坡岸稳定、波浪及流速较小、水深适宜、地质条件较好、陆路交通便利的岸段。"第4.3.2条规定："临时码头应按照使用要求和相应技术规范进行设计和施工，并设置安全警示标志。"
>
> 《公路工程施工安全技术规范》(JTG F90—2015)第4.2.3条规定："施工便桥应根据使用要求和水文条件进行设计，并应设置限宽、限速、限载标志，建成后应验收。"第4.3.1条规定："临时码头宜选择在水域开阔、坡岸稳定、波

浪及流速较小、水深适宜、地质条件较好、陆路交通便利的岸段。”第4.3.2条规定：“临时码头宜设置在桥梁、隧道、大坝、架空高压线、水下管线、取水泵房、危险品库、水产养殖场等区域的下游方向，与其他构筑物的安全距离应符合现行《海港总平面设计规范》(JTJ 211)和《河港工程总体设计规范》(JTJ 212)的有关规定。”

公路水运工程领域洪水季节施工临时便桥被冲毁的事故比较常见，大部分原因与便桥选址不当或强度、刚度、稳定性达不到要求有关。因此，临时便桥、临时码头进行专项设计十分必要。

临时便桥、临时码头的设计应考虑自重荷载、车辆荷载、波浪力、风力、水流力、船舶系靠力及漂浮物等，并应按施工期可能出现的最不利荷载组合进行验算。临时便桥、临时码头应严格按照设计施工，施工完成后应由施工单位组织验收。临时便桥、临时码头、栈桥应编制专项施工方案。

典型案例——

事故简要情况：2011年，某大桥施工项目合同段几名作业人员在栈桥上进行履带式起重机(50t)打桩作业时，因桩基支撑力不足，栈桥开始倾覆，造成履带式起重机械倾覆侧翻连同带人一起落入水中，其中1人经医院抢救无效死亡，另外2人分别于事发当晚和第二天上午打捞出水死亡，本次事故共造成3人死亡。

事故主要原因：栈桥安全专项施工方案中钢管桩桩长计算错误；间接原因：安全专项方案审批把关不严，施工单位在栈桥设计上把关不严，对设计过程中存在缺陷，未经严格审查，对存在的错误未能及时发现和纠正。

9.3.2　便道便桥、临时码头安全防护设施设置应满足使用要求。便道应对不良地质地段进行地基处理或边坡防护，在急弯或特殊路段增设减速、防撞等设施及警示标志。便桥应设置限高、限宽、限载及通航水域航行警示标志。临时码头应设置救生设施。

【解读】　本条规定了便道便桥、临时码头的安全防护设施要求，依据《公路工程施工安全技术规范》(JTG F90—2015)第4.3.3条、第4.3.4条规定制定。

《公路工程施工安全技术规范》(JTG F90—2015)第4.3.3条规定：“临时码头应按照使用要求和相应技术规范进行设计、施工和验收，并应设置安全警示标志,配备相应的安全防护设施。”第4.3.4条规定:“栈桥和栈桥码头应按照使用要求和相应的技术规范进行设计、施工和验收,并应符合下列规定:

1　通航水城搭设的栈桥和栈桥码头应取得海事和航道管理部门批准,并应按要求设置航行警示标志。

2　栈桥和栈桥码头的设计应考虑自重荷载、车辆荷载、波浪力、风力、水流力、船舶系靠力及漂浮物、腐蚀等,并应按施工期可能出现的最不利荷载组合进行验算。

3　栈桥和栈桥码头应设置行车限速、防船舶碰撞、防人员触电及落水等安全警示标志和救生器材。

4　栈桥上车辆和人员行走区域的面板应满铺,并应与下部结构连接牢固。悬臂板应采取有效的加固措施。

5　栈桥两侧和栈桥码头四周应设置高度不低于1.2m的防护栏杆。防护栏杆上杆任何部位应能承受1000N的外力。

6　栈桥行车道两侧宜设置护轮坎。

7　长距离栈桥应设置会车、掉头区域,间隔不宜大于500m。

8　通过栈桥的电缆应绝缘良好,并应固定在栈桥的一侧。

9　发生栈桥面或栈桥码头面被洪水、潮汛淹没,或栈桥被船舶撞击,或桩柱受海水严重腐蚀等情况,应重新检修、复核原构筑物。

10　栈桥应设置满足施工安全要求的照明设施。

11　栈桥和栈桥码头应设专人管理,非施工车辆及人员不得进入,非施工船舶不得靠泊。”

便桥两侧和临时码头防护应按《公路工程施工安全技术规范》(JTG F90—2015)规定执行。不良地质地段路基处理可采用砂砾或石料换填、设置盲沟等方法进行,边坡防护应根据现场实际情况可采用喷播植草、喷锚支护、护面墙及挡土墙等方式。

典型案例1——

事故简要情况:2009年5月21日,某公路工程施工工地内,一座跨河钢架桥被一辆约70t的大型吊车压垮。吊车悬空距水面1m,驾驶员成功逃生,事故没有造成人员受伤。

事故主要原因:未设置限载警示标志,导致吊车超载通行。

典型案例2——

事故简要情况:2012年5月8日,某工地一座临时钢便桥发生坍塌。一辆载重量高达80t的集卡在经过这座限载15t的桥时,将这座桥压垮,车上装载的36根PHC灌注桩全部翻入下方的河道中。

事故主要原因:未设置限高、限宽、限载警示标志,导致卡车任意通过。

9.3.3 便道便桥、临时码头使用过程中应进行定期检查、设施维护及结构安全监测,验收合格后方可使用。

【解读】 本条规定了便道便桥、临时码头验收及动态管理要求,明确使用过程中应定期检查维护并监测结构安全,主要依据《公路工程施工安全技术规范》(JTG F90—2015)第4.3.3条规定制定。

《公路工程施工安全技术规范》(JTG F90—2015)第4.3.3条规定:"临时码头应按照使用要求和相应技术规范进行设计、施工和验收。"

便桥、临时码头大多采用钢结构材料利用焊接或栓接工艺进行设计施工,遇振动、冲撞或在不良环境因素下容易导致结构变形或锈蚀损坏,降低结构的强度及稳定性,因此施用过程中应加强检查和维护。便道便桥、临时码头宜每月组织一次全面定期检查,洪水等恶劣天气来临前或过后也要进行专项检查。检查重点内容有安全防护设施及安全警示设施设置情况、结构(特别是钢立柱)变形偏位情况、各构件连接部位质量情况(焊缝是否开裂、连接螺栓是否松动缺失等)、钢构件锈蚀情况等。发生桥面或码头面被洪水、潮汛淹没,或便桥、码头被船舶撞击,或桩柱受海水严重腐蚀等情况时,应重新检修、复核原构筑物。

荷载大的大型钢便桥或码头及水流湍急、浪涌较大等恶劣环境下的钢便桥,宜对钢桥构件应力及其变化、挠度及其变化、杆件位移进行安全监测。

典型案例——

事故简要情况:2019年7月3日至7月10日,某地区由于连续降雨,导致该地区某航道水位暴涨,7月10日凌晨,受A电站加大泄洪影响,A电站下游水位暴涨,导致下游两座施工钢栈桥冲毁,一座施工钢栈桥受损。该航道系泊于B电站上游的2艘施工船舶和B电站上游的1艘施工作业船舶,发生随水漂移险情，其中2艘卡于电站混凝土坝上，几近沉没，1艘卡于电站闸室口处。所幸没有人员伤亡。

事故主要原因：便桥日常维护及监测不到位，汛期施工期间未加强测风仪、测速仪等设备的应用，未定时观测天气和水流，未及时采取预警、警报灯措施。

9.4　施工船舶、机械设备

9.4.1　施工单位应配备施工船舶、机械设备专职管理人员，建立分类管理台账，将外租或分包单位的机械设备纳入项目部统一管理，定期检查、维护保养。

【解读】　本条是关于施工单位施工船舶、机械设备管理的规定，主要参考《公路水运工程安全生产监督管理办法》第十七条、《公路水运工程平安工地建设管理办法》相关规定制定。

《公路水运工程安全生产监督管理办法》第十七条规定："施工中使用的施工机械、设施、机具以及安全防护用品、用具和配件等应当具有生产(制造)许可证、产品合格证或者法定检验检测合格证明，并设立专人查验、定期检查和更新，建立相应的资料档案。无查验合格记录的不得投入使用。"

《公路水运工程平安工地建设管理办法》附录《公路水运工程平安工地建设考核评价指导性标准》附表2施工单位基础管理考核评价表规定："特种设备管理要求特种设备安装拆除应由具备资质条件的单位承担，拆装应当编制方案、制定安全施工措施。特种设备投入使用前经检验合格，日常检查、维修、保养记录齐全。应建立特种设备管理档案。"

机械设备、施工船舶是公路水运工程建设安全风险管控的重点，通过建立"一机一档"的台账方式便于管理。

目前，公路水运建设工程施工过程中，越来越多的施工单位是通过租赁方式得到机械设备和施工机具及配件，有利于施工单位降低成本，但同时也存在机械设备和施工机具等安全责任不明确，造成生产安全事故无法追究有关单位责任等问题。为体现"谁使用谁负责"的原则，对于外租和分包单位的也应由项目部统一管理，签订安全生产协议，确定各方安全责任。日常管理可以通过定期的检查，维护保养，保证施工现场机械设备的安全生产作业。

9.4.2　船机设备进场前应根据使用要求对机械设备证件、安全装置、机械性能和状况等进行查验。

【解读】 本条是关于机械设备进场前使用要求的规定,主要参考《公路水运工程安全生产监督管理办法》第十七条。

> 《公路水运工程安全生产监督管理办法》第十七条规定:“施工中使用的施工机械、设施、机具以及安全防护用品、用具和配件等应当具有生产(制造)许可证、产品合格证或者法定检验检测合格证明,并设立专人查验、定期检查和更新,建立相应的资料档案。无查验合格记录的不得投入使用。”

机械设备和施工机具及配件必须具有生产(制造)许可证、产品合格证、设备使用说明书。起重机械的安全保险装置,施工机械各传动部位的安全保护装置是否齐全,是否灵敏可靠,直接影响施工机械设备的安全运行,关系到操作人员和其他从业人员的人身安全。因此,机械设备进场前应根据相关要求,对相应证件,安全装置、机械性能和状况进行查验,只有验收合格后才能允许使用,保证机械设备的安全生产作业。

9.4.3 特种设备应经检验检测机构定期检验,使用单位应办理使用登记,并将使用登记标志、定期检验标志置于该特种设备的显著位置。

【解读】 本条是关于特种设备使用和登记的规定,主要依据《中华人民共和国特种设备安全法》第三十三条、第四十条规定制定。

> 《中华人民共和国特种设备安全法》第三十三条规定:“特种设备使用单位应当在特种设备投入使用前或者投入使用后三十日内,向负责特种设备安全监督管理的部门办理使用登记,取得使用登记证书。登记标志应当置于该特种设备的显著位置。”第四十条规定:“特种设备使用单位应当按照安全技术规范的要求,在检验合格有效期届满前一个月向特种设备检验机构提出定期检验要求。特种设备检验机构接到定期检验要求后,应当按照安全技术规范的要求及时进行安全性能检验。特种设备使用单位应当将定期检验标志置于该特种设备的显著位置。未经定期检验或者检验不合格的特种设备,不得继续使用。”

特种设备进场时应进行检测并取得检测报告、检验检测合格标识,并办理使用登记证,特种设备登记标志是证明该设备已经政府有关部门进行登记,可合法使用的标志。工作过程中特种设备性能和状态也在发生变化,为保证特种设备安全生产作业,应定期对特种设备进行检验,检验合格后将检验合格标志和登记标志置于该特种设备的显著位置,便于使用者的监督,保证施工起重机械的安全使用。

9.4.4　施工单位应对使用的特种设备进行风险辨识，明确预防和控制特种设备事故发生的技术和管理措施。

【解读】　本条是关于特种设备风险辨识的规定，主要依据《公路水运工程平安工地建设管理办法》第十条规定制定。

《公路水运工程平安工地建设管理办法》第十条规定："公路水运工程实施安全风险分级管控。项目从业单位应当全面开展风险辨识，按规定开展设计、施工安全风险评估，依据评估结论完善设计方案、施工组织设计、专项施工方案及应急预案。

施工作业区应当根据施工安全风险辨识、评估结果，确定不同风险等级的管理要求，合理布设。在风险较高的区域应当设置安全警示和风险告知牌，做好风险提示或采取隔离措施。施工过程中，应当建立风险动态监控机制，按要求进行监测、评估、预警，及时掌握风险的状态和变化趋势。重大风险应当及时登记备案，制定专项管控和应急措施，并严格落实。"

施工单位应对本标段使用的各类机械设备进行风险辨识，根据以往特种设备的事故案例，对特种设备施工安全风险进行识别与分析。根据风险分析的结果，采取针对性的措施，通过管理和采取技术措施预防和控制特种设备事故的发生。

9.4.5　内河砂石运输船、施工船和交通船等应在船舶适航证书规定的航区作业，不应超出适航区域。

【解读】　本条是关于运输船、施工船和交通船航行范围的规定，主要参考《公路水运工程平安工地建设管理办法》相关规定制定。

《公路水运工程平安工地建设管理办法》附件《公路水运工程平安工地建设考核评价指导性标准》附表3.3施工单位施工现场（水运部分）考核评价表中施工船舶、设备的要求规定：①施工船舶和设备按合同约定进场，证书齐全，检验合格，安全防护和应急物资配备满足要求；施工船舶、设备配员符合要求，人员资格证书齐全、有效；②施工船舶必须在核定航区或作业水域内作业；③船舶不得超载或偏载；④运输材料、设备或构配件的船上应附配载图；⑤禁止船舶在超过核定航行和作业条件的情况下作业。

船舶适航证书指的是船舶检验机构签发的，用以证明船舶结构和性能符合一定要求，适合在一定水域内航行的证书。运输船、施工船和交通船必须取得相应的证件，并在证件允许范围内航行，不得超出核定的范围。

9.4.6　船机设备退场应及时办理退场手续。

【解读】　本条是关于船机设备退场的规定，主要依据《中华人民共和国特种设备安全法》（2013 年 6 月 29 日　中华人民共和国主席令 4 号）第四十八条规定制定。

《中华人民共和国特种设备安全法》第四十八条规定："特种设备存在严重事故隐患，无改造，修理价值或者达到安全技术规范规定的其他报废条件的，特种设备使用单位应当依法履行报废义务，采取必要措施消除该特种设备的使用功能，并向原登记的负责特种设备安全监督管理的部门办理使用登记证书注销手续。"

船机退场时应及时做好退场登记，通过退场手续明确设备退场后的安全责任。

10　通用作业

10.1　高处作业

10.1.1　高处作业人员身体状况应满足工作要求，作业时个人防护用品和用具的佩戴和使用应符合 JTG F90 与 JTS 205-1 的有关规定。

【解读】　本条是关于高处作业人员身体状况和个人防护用品使用的规定，依据《公路工程施工安全技术规范》（JTG F90—2015）第 5.7.4 条、第 5.7.8 条，《水运工程施工安全防护技术规范》（JTS 205-1—2008）第 5.8.11 条，《建筑施工高处作业安全技术规范》（JGJ 80—2016）第 3.0.2 条、第 3.0.5 条规定制定。

《公路工程施工安全技术规范》（JTG F90—2015）第 5.7.4 条规定："高处作业人员不得沿立杆或栏杆攀登。高处作业人员应定期进行体检。"第 5.7.8 条规定："安全带使用除应符合现行《安全带》（GB 6095）的规定外，尚应符合下列规定：

1　安全带除应定期检验外，使用前尚应进行检查。织带磨损、灼伤、酸碱腐蚀或出现明显变硬、发脆以及金属部件磨损出现明显缺陷或受到冲击后发生明显变形的，应及时报废。

2　安全带应高挂低用，并应扣牢在牢固的物体上。

3　安全带的安全绳不得打结使用，安全绳上不得挂钩。

4　缺少或不易设置安全带吊点的工作场所宜设置安全带母索。

5　安全带的各部件不得随意更换或拆除。

6　安全绳有效长度不应大于 2m，有两根安全绳的安全带，单根绳的有效长度不应大于1.2m。”

《水运工程施工安全防护技术规范》(JTS 205-1—2008)第5.8.11条规定:“安全带使用前应进行检查,并定期进行检验。安全带使用应高挂低用,并扣牢在牢固的物体上。”第5.8.11.2条规定:“安全带的安全绳不得打结使用,亦不得将钩直接挂在安全绳上。”第5.8.11.3条规定:“安全带的各部件不得随意更换或拆掉。需更换新安全绳时,其规格及力学性能必须符合规定,并应加设绳套。”第5.8.11.4条规定:“安全带应经常检查,发现下列情况应作报废处理: ①织带磨损、灼伤、酸碱腐蚀;②织带出现明显变硬、发脆的老化现象;③金属部件磨损出现明显缺陷以及受到冲击后发生明显变形。”

《建筑施工高处作业安全技术规范》(JGJ 80—2016)第3.0.2条规定:“高处作业前,应对安全防护设施进行检查、验收,验收合格后方可进行作业。”第3.0.5条规定:“高处作业人员应根据作业的实际情况配备相应的高处作业安全防护用品,并按规定正确佩戴和使用相应的安全防护用品、用具。”

高处作业指凡在坠落高度基准面2m以上(含2m)有可能坠落的高处进行的作业。高处作业人员身体状况应满足工作要求,患有高血压病、心脏病、贫血、癫痫病等疾病的人员不准从事高处作业;对疲劳过度、精神不振和思想情绪低落人员要停止高处作业;5级以上大风或雷电、大雨、大雾、大雪等气候条件下应停止施工;严禁酒后从事高处作业。施工单位应为作业人员提供合格的安全帽、安全带等必备的个人安全防护用具,作业人员应按规定正确佩戴和使用。

典型案例——

事故简要情况:2017年3月20日6时30分,某桥梁工程C匝道P3-2墩柱的钢模进行拆除,并要求工人做好安全防护措施。甲、乙2名工人在佩戴好安全帽及系好防坠落安全带后,分别在P3-2墩柱的西南方向及北侧方向开始对钢模螺栓拆除,他们拆除钢模作业面距地面高度约8m。7时10分左右,工人乙从墩柱上摔下来,嘴巴、鼻孔均有流血,其安全带还绑在钢模上方,工人甲马上拨打了120急救电话,6min左右,120急救人员赶到现场对工人乙进行抢救后宣布其已经死亡。

事故主要原因:安全带断裂是此次事故的直接原因。工人乙在墩柱上拆模时,因为安全带突然断裂,从距离地面高度约8m处坠落,是造成此次事故的直接原因。工人乙在使用安全带进行高处作业前,未对其自行保管的安全带进行检查,违反了《建筑施工高处作业安全技术规范》(JGJ 80—2016)第3.0.2条“建筑施工高处作业前,应对安全防护设施进行检查、验收,验收合格后方可进行作业”及第3.0.5条“高处作业人员应按规定正确佩戴和使用高处作业安全防护用品、用具,并应经专人检查”规定。是造成此次事故的另一直接原因。

10.1.2 高处作业应设置专门的上下通道。墩柱及盖(系)梁施工、跨越式支架搭设、围堰拼装、设备安装等高处作业应设置作业平台,作业平台应进行设计验算,不应超载使用。

【解读】 本条是关于高处作业上下通道及平台的设置要求,依据《建筑施工高处作业安全技术规范》(JGJ 80—2016)第6.1.1条、第6.1.4条,《公路工程施工安全技术规范》(JTG F90—2015)第5.7.4条、第5.7.10条、第5.7.13条~第5.7.16条及《交通运输部办公厅关于开展“坚守公路水运工程质量安全红线”专项行动的通知》(交办安监〔2019〕80号)规定制定。

《建筑施工高处作业安全技术规范》(JGJ 80—2016)第6.1.1条规定:“操作平台应通过设计计算,并应编制专项方案,架体构造与材质应满足国家现行有关标准的规定。”第6.1.4条规定:“应在操作平台明显位置设置标明允许负载值的限载牌及限定允许的作业人数,物料应及时转运,不得超重、超高堆放。”

《公路工程施工安全技术规范》(JTG F90—2015)第5.7.4条规定:“高处作业人员不得沿立杆或栏杆攀登。”第5.7.10条规定:“高处作业上下通道应根据现场情况选用钢斜梯、钢直梯、人行塔梯,各类梯子安装应牢固可靠。”第5.7.13条规定:“高架桥等大型构件作业场所上下通道宜采用人行塔梯。”第5.7.14条规定:“人行塔梯宜采用专业厂家定型产品。”第5.7.15条规定:“自行搭设人行塔梯应根据施工需要和工况条件设计,踏步高度小宜大于0.2m,踏步梯应设置防滑设施和安全护栏。”第5.7.16条规定:“人行塔梯安装应符合下列规定:

①顶部和各节平台应满铺防滑面板并牢固固定,四周应设置安全护栏。

②人行塔梯基础应稳固,四脚应垫平,并应与基础固定。

③塔梯连接螺栓应紧固,并应采取防退扣措施。

④人行塔梯高度超过5m应设连墙件。

⑤用电线路不宜装设在塔梯上,必须装设时,线路与塔体间应绝缘。

⑥人行塔梯通往作业面通道的两侧宜用钢丝网封闭。”

《交通运输部办公厅关于开展“坚守公路水运工程质量安全红线”专项行动的通知》规定:“墩柱及盖(系)梁施工、跨越式支架搭设、围堰拼装、设备安装等高处作业和水上作业施工需按要求设置作业平台,作业平台应按规定进行设计验算,不得超载使用。”

高处作业人员不得沿立杆或栏杆攀爬,严禁使用各种起重机械进行吊人。高处作业必须设置人员上下专用通道,上下通道应根据现场情况选用钢斜梯、钢直梯、人行塔梯,各类梯子安装应牢固可靠。

墩柱及盖(系)梁施工、跨越式支架搭设、围堰拼装、设备安装等高处作业应按要求设置作业平台,作业平台应由专业技术人员按照所用的材料、依照现行规范进行设计验算,计算书或图纸要编入施工组织设计。使用时,操作人员和物料总质量不得超过设计的允许荷载。作业平台应具有必要的强度、刚度和稳定性,使用过程中不得晃动。

典型案例——

事故简要情况:2012 年 7 月 24 日,某桥梁盖梁施工过程中发生一起高处坠落事故,2 名工人不慎从桥上掉落,造成 1 人轻伤、1 人重伤。

事故主要原因:该桥梁为小桥,墩柱高度不高,施工单位为节省费用未按要求设置作业平台,而是在脚手架上搭设两块木板代替作业平台,导致 2 名工人坠落。

10.1.3 高处作业下方应设置警戒区,不应同时上下交叉作业。

【解读】 本条是关于高处作业交叉作业及警戒区设置的要求,依据《建筑施工高处作业安全技术规范》(JGJ 80—2016)第 7.1.1 条、第 7.1.2 条,《公路工程施工安全技术规范》(JTG F90—2015)第 5.7.2 条、第 5.7.3 条规定制定。

《建筑施工高处作业安全技术规范》(JGJ 80—2016)第 7.1.1 条规定:“施工现场立体交叉作业时,下层作业的位置应处于上层作业的坠落半径之外,高空作业坠落半径应按表 10-1 确定。安全防护棚和警戒隔离区范围的设置应视上层作业高度确定,并应大于坠落半径。”第 7.1.2 条规定:“交叉作业时,坠落半径内应设置安全防护棚或安全防护网等安全隔离措施。当尚未设置安全隔离措施时,应设置警戒隔离区,人员严禁进入隔离区。”

高空作业坠落半径 表 10-1

序号	上层作业高度 h_b(m)	坠落半径(m)
1	$2 \leq h_b \leq 5$	3
2	$5 < h_b \leq 15$	4
3	$15 < h_b \leq 30$	5
4	$h_b > 30$	6

《公路工程施工安全技术规范》(JTG F90—2015)第 5.7.2 条规定:“高处作业不得同时上下交叉进行。”第 5.7.3 条规定:“高处作业下方警戒区设置应符合现行《高处作业分级》(GB 3608)的有关规定。”

高处作业坠落半径范围内应设置安全隔离措施,未设置安全隔离措施时,应设置警戒隔离区,并应大于坠落半径,作业人员严禁进入警戒隔离区。

典型案例——

事故简要情况:2018 年 11 月 29 日,某桥梁加固维修工程建设公司施工人员吕某在作业平台进行盖梁维修施工,钢管不慎滑落,砸中下方进行桥梁基础加固施工人员蔡某头部,致其死亡。

事故主要原因:违规上下同时交叉作业。依据《建筑施工高处作业安全技术规范》(JGJ 80—2016)第 7.1.1 条规定,施工现场立体交叉作业时,下层作业的位置应处于上层作业的坠落半径之外,安全防护棚和警戒隔离区范围的设置应视上层作业高度确定,并应大于坠落半径。

10.2 吊装作业

10.2.1 起重吊装的地基基础、起重设备附着处应经承载力验算并满足使用说明书要求。起重机械的索具、卡环、绳扣等的规格应符合起吊能力的要求,起吊作业前应检查起重设备的滑轮、吊索、卡环和地锚等主要构件的完好状况。

【解读】 本条是对起重吊装前检查及承载力验算的要求,依据《公路工程施工安全技术规范》(JTG F90—2015)第 5.6.5 条、《建筑施工起重吊装工程安全技术规范》(JGJ 276—2012)第 3.0.3 条规定制定。

《公路工程施工安全技术规范》(JTG F90—2015)第5.6.5条规定:"作业前应检查起重设备安全装置、钢丝绳、滑轮、吊索、卡环、地锚等。"

《建筑施工起重吊装工程安全技术规范》(JGJ 276—2012)第3.0.3条规定:"起重吊装作业前,应检查所使用的机械、滑轮、吊具和地锚等,必须符合安全要求。"

起重吊装前,应验算地基承载力是否满足吊装物和起重机械重量总和,检查吊装设备安全装置是否有效,检查滑轮、吊索、卡环和地锚等耗损程度,检查合格后进行试吊确保制动器灵敏可靠后,方可施工。禁止采用斜拉、斜吊,严禁超载吊装,严禁吊装起吊重量不明、埋于地下或黏结在地面上的构件。

典型案例1——

事故简要情况:2020年7月5日16时左右,某桥梁工程项目楼塔式起重机安装过程中发生倒塌事故,造成5人死亡。直接经济损失959.1万元。

事故主要原因:在顶升横梁北侧的轴头未完全放置在踏步半圆弧内,未使用顶升横梁防脱销装置的情况下,进行塔式起重机顶升作业,致使位于顶升横梁北侧的轴头从踏步半圆弧边缘处滑脱,造成塔式起重机上部荷载由顶升横梁南侧一端承担而失稳倒塌。

典型案例2——

事故简要情况:2021年10月5日上午9时30分左右,某施工现场8号楼塔机在吊运混凝土输送泵回转至7号楼施工层西南角上方时,突然发生混凝土输送泵管从索具中滑脱并从高空中崩散坠楼,将站在7号楼南侧基坑内的两名工作人员当场击倒,经抢救无效死亡。

事故主要原因:项目施工及监理单位起吊作业前未检查起重机械的索具、卡环、绳扣等起吊能力,未检查起重设备的滑轮、吊索、卡环和地锚等主要构件的完好状况,导致混凝土输送泵管从索具中滑脱并从高空中崩散坠楼。

10.2.2　起重吊装作业应明确专人统一指挥,明确警戒区设置要求,多台机械在同一区域作业时应保持安全距离,并采取防碰撞安全技术措施。

【解读】　本条是关于起重吊装作业安全距离的要求,依据《公路工程施工安全技术规范》(JTG F90—2015)第5.6.1条、第5.6.2条、第5.6.4条,《建筑施工起重吊装工程安全技术规范》(JGJ 276—2012)第3.0.5条规定制定。

《公路工程施工安全技术规范》(JTG F90—2015)第5.6.1条规定:"起重吊装应符合现行《建筑施工起重吊装工程安全技术规范》(JGJ 276)和《起重机械安全规程 第一部分:总则》(GB 6067.1)的有关规定。"第5.6.2条规定:"起重机械司机、起重信号司索工、起重机械安装拆卸工应按照有关规定经专业机构培训,并应取得相应的从业资格。"第5.6.4条规定:"吊装作业应设警戒区,警戒区不得小于起吊物坠落影响范围。"

《建筑施工起重吊装工程安全技术规范》(JGJ 276—2012)第3.0.5条规定:"起重设备通行道路应平整,承载力应满足设备通行要求。吊装作业区域四周应设置明显标识,严禁非操作人员入内,夜间不宜作业,当确需夜间作业时,应有足够的照明。"

起重吊作业必须配备专人进行统一指挥,指挥人员必须持有起重信号司索工相关证件。在起重吊装前,吊装作业区四周应设置明显标志的警戒区,警戒区不得小于吊物坠落影响范围;多台机械在同一区域施工时,充分考虑多机作业的安全距离要求。多台机械作业范围内要设置警戒限位,各机指挥要默契合作,起重机驾驶员和指挥必须配备对讲机,对讲机要统一设定频道,专机专用,不得转借,非塔吊人员不得占用指挥频道,防止碰撞事故发生。

汽车吊使用前必须检查钢丝绳、制动器、液压装置等各装置是否正常可靠,严禁机件带病运行。使用前应先将地面垫平、压实,车身必须固定平稳,支撑必须安防牢固,作业区内需要有足够的空间和场地。

典型案例——

事故简要情况:2017年3月22日上午10时6分,某项目2号塔吊在屋面下钩卸钢筋,此时1号塔吊从旁边经过时司机未准确预测两台塔吊之间距离,导致1号塔吊大臂直接撞到2号塔吊钢丝绳,将2号塔吊吊物甩出,吊物直接挂在外架上面导致外架部分断开,并且吊物中有一根约2m长的U形钢筋甩出掉落地面,所幸未造成人员伤亡。

事故主要原因:起重机吊装作业时无起重信号司索工现场指挥,驾驶员盲目操作。

10.2.3 吊装施工材料、构件、设施设备前应计算确定吊点的数量、位置和捆绑方法。吊装大型及重型结构构件和采用新的吊装工艺时，应先进行试吊。

【解读】 本条是关于吊装方法的规定，依据《建筑施工起重吊装工程安全技术规范》(JGJ 276—2012)第3.0.7条、第3.0.9条、第3.0.11条规定制定。

《建筑施工起重吊装工程安全技术规范》(JGJ 276—2012)第3.0.7条规定："绑扎所用的吊索、卡环、绳扣等的规格应根据计算确定。起吊前，应对起重机钢丝绳及连接部位和吊具进行检查。"第3.0.9条规定："构件的吊点应符合涉及规定。对异性构件或当无设计规定时，应计算确定，确保构件起吊平稳。"第3.0.11条规定："吊装大、重构件和采用新的吊装工艺时，应先进行试吊，确保无问题后，方可正式起吊。"

吊装施工材料、构件、设施设备时应采取相应的捆绑方法，吊点根据物件变动，保证起吊后物件不会滑动、松动；在吊装大型构件或重物时，必须先进行试吊，现场起重信号司索工时刻关注现场，发现异常及时叫停，避免事故发生。

典型案例——

事故简要情况：2018年3月16日，某地方路项目预制场吊装钢筋时，钢筋突然掉落，砸中配合起吊工人吕某，吕某经抢救无效死亡。

事故主要原因：经调查，起吊前未按《建筑施工起重吊装工程安全技术规范》(JGJ 276—2012)第3.0.11条规定进行试吊，吊点位置选取不当，在起吊过程中钢筋失稳滑动掉落。

10.2.4 六级及六级以上大风或大雨、大雪、大雾等恶劣天气时，不应进行露天起重吊装作业。

【解读】 本条是关于起重吊装作业对天气的要求，主要依据《建筑施工起重吊装工程安全技术规范》(JGJ 276—2012)第3.0.14条规定制定。

《建筑施工起重吊装工程安全技术规范》(JGJ 276—2012)第3.0.14条规定："大雨天、雾天、大雪天及六级以上大风天等恶劣天气应停止吊装作业。事后应及时清理冰雪，并应采取防滑和防漏电措施。雨雪过后作业前，应先试吊，确认制动器灵敏可靠后方可进行作业。"

大雨天、雾天、大雪天及六级以上大风天等恶劣天气，吊装作业易发生物体打击、倾覆、触电等伤害事故，需要停止吊装作业。

典型案例——

事故简要情况:2016年4月13日7时,某高速公路项目桥梁施工现场在进行吊装作业时,突遇8~10级、阵风11级以上强对流天气,但仍未停止作业。在起重机将模板吊运至盖梁施工平台时,吊运的模板受瞬时大风影响,剧烈摆动,施工人员王某被模板撞落至平台下,造成王某重伤。

事故主要原因:在恶劣天气违规进行吊装作业是事故的直接原因,违反《建筑施工起重吊装工程安全技术规范》(JGJ 276—2012)第3.0.12条规定。在此事故中,王某未按要求佩戴使用安全带是另一个主要原因。

10.3 钢筋(钢绞线)作业

10.3.1 钢筋(钢绞线)张拉作业前,张拉机具设备应校验标定。

【解读】 本条是关于张拉作业前准备工作的规定,依据《公路桥涵施工技术规范》(JTG/T 3650—2020)第7.6.1条规定制定。

《公路桥涵施工技术规范》(JTG/T 3650—2020)第7.6.1条规定:"预应力张拉用的机具设备和仪表应符合下列规定:

张拉用的千斤顶与压力表应配套标定、配套使用,标定应在经国家授权的法定计量技术机构定期进行,标定时千斤顶活塞的运行方向应与实际张拉工作状态一致。当处于下列情况之一时,应重新进行标定:

1)使用时间超过6个月;

2)张拉次数超过300次;

3)使用过程中千斤顶或压力表出现异常情况;

4)千斤顶检修或更换配件后。"

正确标定和维护预应力工程用张拉设备,是能否按设计要求施加预应力,满足使用要求的关键所在。通过标定和维护张拉设备(包括千斤顶、压力表、油泵等),确保其与应力之间的关系曲线,为施加预应力提供技术参数。按规范要求,一般千斤顶使用6个月或300次以上或检修后需要进行标定。

典型案例——

事故简要情况:2013年4月19日,某地方公路项目预制梁场进行钢绞线张拉作业时,钢绞线断裂,造成1名人员受伤。

事故主要原因：张拉作业前，张拉机具设备未进行校验，张拉实际压力高于压力表显示数值，导致钢绞线断裂。

10.3.2 钢筋与钢绞线机械加工作业应遵守安全操作规程，张拉时非作业人员不应进入警戒区内。

【解读】 本条是关于钢筋、钢绞线张拉作业安全操作规程的规定，依据《公路工程施工安全技术规范》(JTG F90—2015)第5.3.2条、第5.3.3条规定修订。

《公路工程施工安全技术规范》(JTG F90—2015)第5.3.2条规定："钢筋冷弯作业时，弯曲钢筋的作业半径内和机身不设固定销的一侧不得站人或通过。"第5.3.3条规定："钢筋冷张拉作业区两端应装设防护挡板，冷拉钢筋卷扬机应设置于视线良好的位置，并应设置地锚。钢筋或牵引钢丝两侧3M内及冷拉线两端不得站人或通行。"

预应力张拉工应经过专业培训并考核合格后方可上岗，作业前必须进行安全技术交底，对钢绞线、锚夹具、张拉机具设备进行检查，确认安全后方可开始张拉。任何情况下，操作人员禁止站在预应力钢绞线的两端延线上。张拉区要设置红色警示牌，非操作人员不得入内。

典型案例——

事故简要情况：2012年6月23日，某桥梁施工现场在桥梁预应力钢绞线张拉作业中，钢绞线断裂弹出，击中张拉端外侧工人，钢绞线穿过工人脊椎，脊椎和脊髓损伤，工人高位截瘫。

事故主要原因：张拉作业区梁端未设置防护挡板，工人违规站在张拉端外侧是本次事故的主要原因。

10.3.3 预制的钢筋骨架和钢筋网应具有足够的刚度和稳定性，高度超过2m的钢筋骨架应采取防倾覆措施。

【解读】 本条是关于预制钢筋骨架和钢筋网的规定，依据《公路工程施工安全技术规范》(JTG F90—2015)第5.3.5条规定制定。

《公路工程施工安全技术规范》(JTG F90—2015)第5.3.5条规定："作业高

度超过2m的钢筋骨架应设置脚手架或作业平台,钢筋骨架应有足够的稳定性。”

超过2m的钢筋骨架,不得站在钢筋骨架上或攀登骨架上下,必须搭设脚手架或操作平台和马道,作业面脚手架要满铺、绑牢。

典型案例——

事故简要情况:2017年5月3日15时左右,某公路工程施工抗滑桩钢筋笼倒塌,致使8名工人不同程度受伤,受重伤的3人经医院抢救无效死亡。

事故主要原因:钢筋笼稳定性不足,施工时未采取防倾覆措施是该事故主要原因。

10.4 有限空间作业

10.4.1 人员进入密闭船舱、钢箱梁、桩孔、管道井等有限空间作业前应先通风后检测,气体检测合格后方可作业。

【解读】 本条是对人员进入有限空间作业前气体检测的规定,依据《公路工程施工安全技术规范》(JTG F90—2015)第5.12.3条规定制定。

《公路工程施工安全技术规范》(JTG F90—2015)第5.12.3条规定:“作业场所必须配备检测设备,定期检查作业场所氧气及可燃气体浓度。”

有限空间是指封闭或者部分封闭,与外界相对隔离,出入口较为狭窄,作业人员不能长时间在内工作,自然通风不良,易造成有毒有害、易燃易爆物质积聚或者氧含量不足的空间。有限空间氧气不足窒息或者可燃气体浓度过高引起爆炸的危险性非常高,一旦发生事故后难以施救。未经通风和检测合格,任何人员不得进入有限空间作业。检测的时间不得早于作业开始前30min。检测应当符合相关国家标准或者行业标准的规定。

典型案例——

事故简要情况:2005年6月,某公路桥梁工程正在进行人工挖孔桩作业。项目管理人员在未采取通风措施、未进行气体测试的情况下,即下已经成孔的2号井拆除爬梯,梁某下至离井面5~6m时感到呼吸困难,呼救井上人员,井上人员准备下井救援时,梁某已支持不住掉落井底水中,经抢救无效死亡。

事故主要原因:工人下井作业前未采取气体测试、通风等安全措施,桩孔内空气中氧气含量少,造成人员缺氧窒息。

10.4.2 有限空间作业应为作业人员配备防中毒窒息的防护装备,制订应急处置措施并向作业人员交底。

【解读】 本条是关于有限空间个人防护用品配备的规定,依据《工贸企业有限空间作业安全管理与监督暂行规定》(国家安全监管总局令第80号)第21条、第23条规定制定。

> 《工贸企业有限空间作业安全管理与监督暂行规定》第21条规定:"工贸企业应当根据本企业有限空间作业的特点,制定应急预案,并配备相关的呼吸器、防毒面罩、通信设备、安全绳索等应急装备和器材。有限空间作业的现场负责人、监护人员、作业人员和应急救援人员应当掌握相关应急预案内容,定期进行演练,提高应急处置能力。"第23条规定:"有限空间作业中发生事故后,现场有关人员应当立即报警,禁止盲目施救。应急救援人员实施救援时,应当做好自身防护,佩戴必要的呼吸器具、救援器材。"

有限空间存在易燃易爆、有毒有害物质或缺氧等不同种类和危害程度的危险有害因素,会不同程度造成作业人员中毒窒息及爆炸伤害。应当根据存在危险有害因素的种类和危害程度,为作业人员提供符合国家标准或者行业标准规定的呼吸器、防毒面罩、通信设备、安全绳索等应急装备和器材。有限空间作业的现场负责人、监护人员、作业人员和应急救援人员应当掌握相关应急预案内容,定期进行演练,提高应急处置能力。应急救援人员实施救援时,应当做好自身防护,佩戴必要的呼吸器具、救援器材。

典型案例——

事故简要情况:2015年2月9日,某道路一期排水工程在新建成的北污管道窨井疏通过程中,因污水管道及检查井中硫化氢气体严重超标,导致现场1名作业人员身体不适晕厥,另2名作业人员下井施救不当,造成3人死亡。

事故主要原因:项目作业人员作业时进入有限空间未按照先通风、再检测、后作业的程序,未佩戴必要的防护用品,遇险情盲目施救,造成事故损失扩大。此外,项目部对作业人员防护教育培训不够,作业人员缺乏基本防护知识。

10.4.3 有限空间内实施焊接及切割作业应采取防火、防爆措施，并配备消防器材。

【解读】 本条是关于有限空间动火作业及防火防爆的规定，依据《工贸企业有限空间作业安全管理与监督暂行规定》第十七条、《公路工程施工安全技术规范》(JTG F90—2015)第5.12.3条规定制定。

> 《工贸企业有限空间作业安全管理与监督暂行规定》第十七条规定："有限空间存在可燃性气体、爆炸粉尘等易燃易爆物质，极易发生火灾及爆炸事故，有限空间作业场所的照明灯具电压应当符合《特低电压限值》(GB/T 3805)等国家标准或者行业标准的规定；作业场所存在可燃性气体、粉尘的，其电气设施设备及照明灯具的防爆安全要求应当符合《爆炸性环境第一部分：设备通用要求》(GB 3836.1)等国家标准或者行业标准的规定。"
>
> 《公路工程施工安全技术规范》(JTG F90—2015)第5.12.3条规定："有限空间内涂装作业时，加热工作必须设专人监护，烘烤涂层必须使用防爆灯具。"

有限空间内实施焊接、切割作业时，必须采用强制通风，可采用自然通风或机械通风，严禁使用纯氧进行通风。供气呼吸设备或其他合适的方式。气瓶及焊接电源必须放置在封闭空间的外面，灯具等电器设施需满足防爆安全要求，用于焊接、切割通风换气的管道必须由不可燃材料制成。

典型案例——

事故简要情况：2020年4月9日，某公路桥梁工程施工现场箱梁焊接作业过程中发生爆燃事故，共造成2人死亡，5人受伤。

事故主要原因：项目施工单位在箱梁内有限空间焊接作业过程中，未按规定采取防火、防爆措施，未采用强制通风手段，可燃性气体聚集遇到明火后发生爆燃。

10.5 支架及模板作业

10.5.1 支架整体、杆配件、节点应进行强度和稳定性计算，地基或基础承载力应满足安全使用要求。水中支架基础应考虑水流冲刷影响。

【解读】 本条规定了支架在设计、制作、使用时的基本要求，保障施工过程中的支架作业材料安全，依据《建筑施工承插型盘扣式钢管脚手架安全技术标准》(JGJ 231—2021)第6.1.1条、第6.1.2条、第7.3.1条和《钢管满堂支架预压技术规程》(JGJ 194—2009)第3.0.4条规定制定。

《建筑施工承插型盘扣式钢管脚手架安全技术标准》(JGJ 231—2021)第6.1.1条规定："脚手架的构造体系应完整，脚手架应具有整体稳定性。"第6.1.2条规定："应根据施工方案计算得出的立杆纵横向间距选用定长的水平杆和斜杆，并应根据搭设高度组合立杆、基座、可调托撑和可调底座。"第7.3.1条规定："脚手架基础应按专项施工方案进行施工，并应按基础承载力要求进行验收，脚手架应在地基基础验收合格后搭设。"

《钢管满堂支架预压技术规程》(JGJ 194—2009)第3.0.4条规定："钢管满堂支架预压前，应对支架进行验算与安全检验。"

支架坍塌的现象在施工中时有发生，其原因多数是仅凭经验设置模板、支架，或盲目套用类似工程的做法，不按规范进行验算和施工、对方案验算不完善；支架材料不合格或不达标、地基或基础承载力不足等原因是导致支架垮塌事故易发频发的重要原因。因此，应该对支架整体、杆配件、节点应进行强度和稳定性计算。

典型案例——

事故简要情况：2001年9月25日，某互通A匝道桥模板支架在加载预压时发生垮塌，造成6人死亡、20人受伤的重大事故。

事故主要原因：互通A匝道桥1号墩钢管立柱直接立在水泥砼路面上，路面产生开裂，钢管立柱产生了一定的竖向和水平位移，贝雷支架缺少斜向支撑，横向约束薄弱，在堆载的外力作用下，由于支撑体系的局部变形引发支撑体系整体失稳破坏，造成桥梁支架垮塌。

10.5.2　钢管支架及构配件使用前应抽检合格，承重支架安装完成后应进行预压。

【解读】　本条依据《公路工程施工安全技术规范》(JTG F90—2015)第5.2.5条规定制定。

《公路工程施工安全技术规范》(JTG F90—2015)第5.2.5条规定："①支架在安装完成后应检查验收；②使用前应预压，预压荷载应为支架需承受全部荷载的1.05～1.10倍；③预压加载、卸载应按预压方案要求实施，使用沙(土)袋预压时应采取防雨措施。"

钢管满堂支架的预压应包括支架基础预压与支架预压。支架基础预压与支架预压应根据工程结构形式、荷载大小、支架基础类型、施工工艺等条件进行预压组织设计。钢管满堂支架预压前,应对支架进行验算与安全检验。

支架基础预压前,应查明施工区域内不良地质的分布情况。工程施工场区内的支架基础应按不同类型进行分类。对每一类支架基础应选择代表性区域进行预压。支架基础应设置排水、隔水措施,不得被混凝土养护用水和雨水浸泡。支架基础预压前,应布置支架基础的沉降监测点;支架基础预压过程中,应对支架基础的沉降进行监测。支架基础预压后应编写支架基础预压报告。

支架预压应在支架基础预压合格后进行。不同类型的支架应根据支架高度、支架基础情况等选择具有代表性区域进行预压。支架预压加载范围不应小于现浇混凝土结构物的实际投影面。支架预压前,应布置支架的沉降监测点;支架预压过程中,应对支架的沉降进行监测。支架预压后应编写支架预压报告,支架预压报告应包括下列内容:①工程项目名称;②支架分类以及支架代表性区域的选择;③支架沉降监测;④支架预压的合格判定。

钢管支架及构配件应有产品标识及产品质量合格证,产品主要技术参数及产品使用说明书。

典型案例——

事故简要情况:2004年8月16日上午8时30分左右,某施工单位开始用泵送混凝土浇捣房建工程屋面,高度为17.65m,模板支撑系统为扣件式钢管满堂模板支架,于20时40分全部浇捣结束。屋面留3人对混凝土表面进行收光,木工班组长在补插钢筋,21时20分左右,模板支撑系统突然整体坍塌,4名工人随之坠落,木工班组长经抢救无效死亡。

事故主要原因:扣件(旋转、垂直)抗滑和抗破坏性能不合格,钢管壁厚普遍偏薄,模板支持系统钢管支架水平和竖向剪刀撑设置严重不足。

10.5.3 大体积混凝土浇筑应按照专项施工方案要求的顺序进行,并对模板支撑体系进行过程监测。

【解读】 本条是关于大体积混凝土浇筑及其模板支撑体系的规定,施工作业应编制专项施工方案,专项施工方案经专家评审和监理工程师批准后实施,模板支撑体系应进行过程监测。依据《大体积混凝土施工标准》(GB 50496—2018)第3.0.1

条规定制定。

> 《大体积混凝土施工标准》(GB 50496—2018)第3.0.1条规定:"大体积混凝土施工应编制施工组织设计或施工技术方案,并应有环境保护和安全施工的技术措施。"

大体积混凝土是指结构物实体最小尺寸不小于1m的大体量混凝土,或预计会因混凝土中胶凝材料水化引起的温度变化和收缩而导致有害裂缝产生的混凝土。

模板支撑体系的监测方案是现场监测实施的依据,必须根据项目的规模、支架搭设形式以及作业环境、施工场地周边环境等因素综合制定,在实施过程中按各方审核完成的方案严格执行。

监测工作可按下列步骤进行:①接受委托;②现场踏勘,收集支模专项施工方案等相关资料;③编制或细化监测方案;④监测仪器的安装、调试;⑤数据实时采集、分析及预警;⑥现场监测工作结束后,提交完整的监测资料。

监测方案主要包括下列内容:①工程概况;②监测目的和依据;③监测内容及项目;④监测方法及精度;⑤监测周期和监测频率;⑥监测报警及应急预案;⑦监测数据处理与信息反馈;⑧监测人员和仪器;⑨作业安全及其他管理制度。

典型案例——

事故简要情况:2012年5月21日,某铁路客专某段大桥6号墩,在浇筑混凝土至16m高度时,模板发生爆模,造成3人死亡。经调查,该大桥6号墩使用的模板为购置的旧模板(进场前已在另桥梁施工了6个墩身,在施工过程中未发现异常),由于该套模板多次倒运,可能导致焊缝出现局部损伤。墩身混凝土施工时,模板无法承受混凝土侧压力,导致最下一节模板的平模、圆弧模连接部位局部焊缝开裂,墩身模板瞬间爆模。

事故主要原因:项目施工单位编制的《墩身模板专项施工方案》未报进行相应审核,《墩身模板专项施工方案》和《安全技术交底》中没有明确泵车浇筑时应采取的具体浇筑速度要求。此外,施工单位对进场周转料具管理缺失,对模板进场未进行相应的检验验收,在质量不明的情况下,盲目进行施工作业,导致在浇筑过程中模板所受侧压力超过其受力极限,致使底部爆模和整个模板垮塌,导致事故发生。

10.5.4　支架和模板拆除应按照专项施工方案要求的顺序进行,作业时应设立警戒区。承重模板及支架应在混凝土强度达到设计或规范要求后拆除。

【解读】 本条规定了支架和模板拆除的相关要求,依据《公路工程施工安全技术规范》(JTG F90—2015)第5.2.14条规定制定。

《公路工程施工安全技术规范》(JTG F90—2015)第5.2.14条规定:"支架和模板拆除应按施工组织设计和施工方案要求进行,危险性较大支架、模板的拆除尚应遵守专项施工方案的要求,拆除应遵循先拆非承重模板、后拆承重模板、自上而下、分层分段拆除的顺序和原则,承重模板应横向同时、纵向对称均衡卸落,简支梁、连续梁结构模板宜从跨中向支座方向依次循环卸落,悬臂梁结构模板宜从悬臂端开始顺序卸落,承重支架、模板应在混凝土强度达到设计要求后拆除,支架、模板的拆除应设立警戒区,非作业人员不得进入,拆除人员应使用稳固的登高工具、防护用品。"

模板、支架的拆除期限和拆除程序等应根据结构物特点、模板部位和混凝土所应达到的强度要求确定,并应严格按其相应的施工图设计的要求进行。钢筋混凝土结构的承重模板、支架,应在混凝土强度能承受其自重荷载及其他可能的叠加荷载时,方可拆除。卸落模板、支架时,总的原则要求是由变形最大处向变形最小或无变形处过渡,对称、少量、多次、逐渐完成,使结构物逐步承受荷载,其目的是为避免结构物在卸落模板、支架的过程中发生事故。

预应力结构施工不当,梁体内不能建立有效的预应力,在混凝土徐变的共同作用下,梁体必将发生严重的下挠。挠度过大不但会使跨中主梁下凹,破坏桥面的铺装层,影响桥梁的使用寿命和行车舒适性,甚至危及行车安全。有效预应力偏小,预应力不足,结构过早出现裂缝,下挠超限;有效预应力偏大,可能导致预应力筋安全储备不足,结构过大变形或裂纹,甚至脆性破坏。

典型案例——

事故简要情况:2016年11月24日,江西丰城发电厂三期扩建工程发生冷却塔施工平台坍塌特别重大事故,造成73人死亡、2人受伤,直接经济损失10197.2万元。

事故主要原因:冷却塔施工单位施工现场管理混乱,未按要求制定拆模作业管理控制措施,对拆模工序管理失控。事发当日,在7号冷却塔第50节筒壁混凝土强度不足的情况下,违规拆除模板,致使筒壁混凝土失去模板支护,不足以承受上部荷载,造成第50节及以上筒壁混凝土和模架体系连续倾塌坠落。

10.6 基础工程作业

10.6.1 基础施工前应现场核对地质勘察资料符合性,临近建(构)筑物的基础施工应采取安全保护措施。

【解读】 本条规定了基础施工作业前地勘资料复核和临近建(构)筑物安全保护措施的相关要求,依据《公路桥涵施工技术规范》(JTG/T 3650—2020)第9.3.1条、《公路工程施工安全技术规范》(JTG F90—2015)第8.3.6条规定制定。

> 《公路桥涵施工技术规范》(JTG/T 3650—2020)第9.3.1条规定:"对岩溶和采空区的钻孔灌注桩,施工前应核对桩位处的地质勘察资料;当对地质情况有疑问时,宜适当补充地质钻孔,探明情况。"
>
> 《公路工程施工安全技术规范》(JTG F90—2015)第8.3.6条规定:"岩溶、采空区和其他特殊地区钻孔灌注桩施工作业应符合下列规定:
>
> 1　施工前,应核对桩位处的地质勘察资料;地质情况有疑问时,应补充完善地质资料。
>
> 2　发生漏浆及坍孔等现象,应立即停止作业,采取保证平台、钻机和作业人员安全的措施。"

现行的地勘资料没有做到全覆盖,基础施工地质条件存在多变性,现场实际情况与地质勘查资料经常不符。因此,在路基、桥涵等基础工程施工作业前,施工单位应核对基础的地质勘察资料;对地质情况有疑问时,应补充完善地质资料,必要时,建设单位应通知勘察设计单位补充施工勘察和调查,以确保工程质量及邻近建筑物的安全。

典型案例——

事故简要情况:2011年3月31日,某高速公路大桥96号挖孔桩,在桩内进行钢筋笼绑扎作业时,由于周边土体内大量渗水,周边滑坡体滑动挤压孔桩,致使护壁变形。钢筋笼整体失稳而垮塌,造成3人死亡。

事故主要原因:项目施工单位在施工前未核对地质勘察资料,未发现坍塌孔桩桩身位于典型的崩坡堆积体上,孔桩周边围岩为风化粉砂泥质岩,渗水性极强,遇水极易溜坍等特点,导致受该地区阵雨影响,引发围岩浸泡失稳、坍塌。

10.6.2 基础施工作业区域应设置警戒区,四周应设置护栏及明显的警示标志。

【解读】 本条规定了基础施工时安全警戒的相关要求,主要为保障基础施工过程中的作业安全,依据《公路路基施工技术规范》(JTG/T 3610—2019)第9.9.19条、《公路工程施工安全技术规范》(JTG F90—2015)第8.3.1条规定制定。

《公路路基施工技术规范》(JTG/T 3610—2019)第9.9.19条规定:"边坡防护和支挡结构以及排水设施施工作业应设警戒区,并应设置明显的警戒标志。停止施工的抗滑桩桩孔和渗水井及其他排水设施周围应设置防护栏及明显的警示标志,夜间应悬挂警示灯。"

《公路工程施工安全技术规范》(JTG F90—2015)第8.3.1条规定:"钻(挖)孔灌注桩施工作业应符合下列规定:

1 施工作业区域应设置警戒区。

2 临近堤防及其他水利、防洪设施施工应符合相关部门的有关规定。

3 山坡上钻(挖)孔灌注桩施工应清除坡面上的危石和浮土;存在裂缝的坡面或可能坍塌区域应采取必要的防护措施。

4 停止施工的钻、挖孔桩,孔口应加盖防护,四周应设置护栏及明显的警示标志,夜间应悬挂示警红灯。

5 钻机等高耸设备应按规定设置避雷装置。

6 钢筋笼下放应采用专用吊具。钢筋笼孔口连接时,孔内钢筋笼应固定牢靠。作业人员不得在钢筋笼内作业,安全带不得扣挂在钢筋笼上。

7 浇筑混凝土时,孔口应设防坠落设施。"

基坑和桩基础施工应在离基坑边不少于1m处设高度1.2m以上的钢护栏,设置施工作业警戒区域,四周应设置护栏及明显的警示标志,夜间应悬挂示警红灯,基坑周围1m范围内不得堆放杂物、开挖物及停放设备,停止施工的钻、挖孔桩,孔口应加盖防护。

10.6.3 基坑施工应采取措施控制地表和地下水,并对施工现场降(排)水系统进行检查和维护,保证降水、排水畅通。深基坑施工应先支护后开挖,未达到拆除条件时不应拆除支撑支护,不应随意削弱支撑支护。应对基坑进行监测和检查,周边荷载不应超过设计要求的地面荷载限值。

【解读】 本条规定了基坑施工排水和基坑支护的相关要求,依据《公路工程施工安全技术规范》(JTG F90—2015)第8.8.4条规定制定。

《公路工程施工安全技术规范》(JTG F90—2015)第8.8.4条规定:"基坑开挖和降水施工应视地质和水文情况、基坑深度按规定坡度分层进行,不得采用局部开挖深坑或从底层向四周掏土的方法施工,开挖影响邻近建(构)筑物或临时设施时，应采取安全防护措施，开挖过程中应监测边坡的稳定性、支护结构的位移和应力、围堰及邻近建(构)筑物的沉降与位移、地下水位变化、基底隆起等项目，基坑顶面应设置截水沟。多年冻土地基上开挖基坑，坑顶截水沟距基坑上边缘不得小于10m，排出水的位置应远离基坑，排水作业不得影响基坑安全，排水困难时，应采用水下挖基方法，并应保持基坑中原有水位。"

深基坑施工应先支护后开挖，未达到拆除条件时不得拆除支撑支护，不得随意削弱支撑支护。周边荷载不得超过设计要求的地面荷载限值，应按照规定进行监测和检查。

典型案例——

事故简要情况：2005年11月30日下午，某地铁线发生基坑坍塌事故，当时第八段基坑下部挖掘机正在进行土方开挖工作。14:20分左右，基坑南侧深度约8m处有水渗出。5min后，出现大量涌水。10min后，基坑南侧边上出现裂缝；14:35左右基坑南侧中间部分突然坍塌，并迅速向两侧发展，造成斜向钢支撑体系脱落，引起两侧围护桩倒塌。

事故主要原因：由于污水(雨水管)管长期渗漏，在车站基坑南端形成水囊，水对车站南端土体长期浸泡使土体的稳定性受到破坏。南端喷射混凝土厚度仅为8cm，不能抵挡内侧土性质变化带来的侧压力变化，并在水的作用下开始出现裂缝，水从裂缝渗出，很快发展到涌出，并夹带着大量稀泥，最后在桩体背后形成空洞及松散区域，在东西两侧土体压力的共同作用下造成斜向支撑的整体失稳，从而形成基坑倒塌。

10.6.4　沉井施工过程中应进行沉降和倾斜观测，发现异常应停止作业并采取相应措施。

【解读】　本条是关于沉井施工的一般规定，依据《公路工程施工安全技术规范》(JTG F90—2015)第8.5.10条规定制定。

《公路工程施工安全技术规范》(JTG F90—2015)第8.5.10条规定："沉井下沉前，应对周边的建(构)筑物和施工设备采取有效的防护措施。下沉过程中，应对邻近建(构)筑物、地下管线进行监测，发现异常应停止作业，并采取相应措施。"

沉井下沉前应对周边的建(构)筑物和施工设备采取有效的防护措施；下沉过

程中,应对邻近建(构)筑物、地下管线进行监测,发现异常应停止作业,并采取相应措施,下沉时应进行连续观测,并应采取措施对轴线倾斜及时进行纠偏,倾斜的沉井不得接高。施工期间,应按设计采取有针对性的安全监测方案,建立监控预警机制,安排专人观察和掌握变化动态,发现异常及时预警并采取相应措施。

沉井施工过程中,脚手架和扶梯等设施不得固定到井壁上,以防沉井突然下沉或下沉过大时发生脚手架倾斜与坍塌事故。井内工作平台应用活动平台,严禁固定在井壁、隔梁和底梁上,沉井突然下沉或下沉过大时,平台应能随井内涌土上升。不排水沉井施工沉井倾斜导致井内涌水、涌泥或流沙,造成人员伤亡事故。沉井施工沉降过大或倾斜,导致主体结构受力不均,出现结构破坏,影响使用寿命,甚至危及安全。

典型案例——

项目概况:2020年11月10日,某长江特大桥北锚碇超大沉井施工中出现下沉偏位,经紧急处置与多次方案研讨,终于恢复正常。

险情主要原因:施工区域地质条件复杂,首次下沉沉井结构刚度弱,传统开挖下沉方法对开槽宽度与下沉速度控制不严,工艺适用性不佳;过程中数据异常未能及时处理,沉井下沉平面误差过大,导致下沉偏位;地质条件勘测与实际有出入。

10.6.5 围堰内作业应及时掌握水文、气象等信息,遇有洪水、风暴潮等异常情况,应提前做好人员与机械撤离和加固工作。临近航道的围堰作业区应设置防止船舶撞击的装置。

【解读】 本条是关于围堰施工作业的一般规定,依据《公路工程施工安全技术规范》(JTG F90—2015)第8.7.1条、《建筑施工易发事故防治安全标准》(JGJ/T 429—2018)第4.9.7条规定制定。

《公路工程施工安全技术规范》(JTG F90—2015)第8.7.1条规定:“围堰内作业应及时掌握水情变化信息,遇有洪水、流冰、台风、风暴潮等极端情况,应立即撤出作业人员。”

《建筑施工易发事故防治安全标准》(JGJ/T 429—2018)第4.9.7条规定:“水上钢围堰应设置水上作业警示标志和防护栏,夜间河道作业区域应布置警示照明灯;在靠近航道处的作业区应设置防止船舶撞击的装置。”

围堰内作业应及时掌握水文、气象等信息,遇有洪水、流冰、台风、风暴潮等极端情况,应立即撤出作业人员;水上钢围堰应设置水上作业警示标志和防护栏,夜间河道作业区域应布置警示照明灯,在靠近航道处的作业区应设置防止船舶撞击的装置。

10.6.6 钢围堰应对内外侧壁、斜撑、内撑、围檩等受力构件及整体稳定性进行计算,围堰内外水位变化时应进行变形动态监测。

【解读】 本条规定了钢围堰施工及监测的相关要求,依据《建筑施工易发事故防治安全标准》(JGJ/T 429—2018)第4.9.1条规定制定。

《建筑施工易发事故防治安全标准》(JGJ/T 429—2018)第4.9.1条规定:"钢围堰应对内外侧壁、斜撑及内撑、围檩等受力构件及连接焊缝进行设计计算,并应对围堰整体稳定性和抗倾覆进行计算。"

钢围堰施工过程中施工控制难度较大,易发生事故。双壁钢围堰施工应符合下列规定:应按设计要求制造钢围堰,焊缝应检验,并应进行水密试验;浮船或浮箱上组装双壁钢围堰,钢围堰应稳固;双壁钢围堰浮运、吊装应制订专项施工方案;钢围堰接高和下沉作业过程中,应采取保持围堰稳定的措施。悬浮状态不得接高作业;施工过程中应注意监测水位变化,围堰内外的水头差应在设计范围内。

典型案例——

事故简要情况: 2013年10月12日上午,某在建桥梁4号桥墩围堰突然失稳,整体断裂向上游倾覆,造成在围堰中作业的10名工人和岸边1名群众死亡,2人受伤。

事故主要原因: 围堰结构与构造不合理,围堰结构应力超限、稳定性安全储备不足,在水压力作用下,钢围堰在隔舱混凝土顶部位置突发断裂。此外,该工程的程序规定存在严重缺陷,监理环节严重违反工程建设的有关规定。

10.7 爆破作业

10.7.1 大型土石方爆破、水下爆破、重要设施附近及技术要求高的爆破作业应编制爆破设计方案,制订相应的安全技术措施。

【解读】 本条规定了大型土石方爆破、水下爆破、重要设施附近及技术要求高的爆破作业要求,依据《公路工程施工安全技术规范》(JTG F90—2015)第5.10.4条规定制定。

《公路工程施工安全技术规范》(JTG F90—2015)第5.10.4条规定:"预裂爆破、光面爆破、大型土石方爆破、水下爆破、重要设施附近及其他环境复杂、技术要求高的工程爆破应编制爆破设计方案,制定相应的安全技术措施;其他爆破可编制爆破说明书,并经有关部门审批同意。"

施工单位实施爆破前,应按规定办理审批手续,批准后方可实施爆破作业。经审批的爆破作业项目,施工单位应于施工前3天发布公告,并在作业地点张贴,施工公告内容应包括工程名称,建设单位、施工单位、监理单位负责人及联系方式,爆破作业时限等。

10.7.2 爆破作业中民用爆炸物品的运输、存放和使用应符合GB 6722的规定。

【解读】 本条是关于爆破作业中民用爆炸物品的运输、存放和使用的规定,依据《公路工程施工安全技术规范》(JTG F90—2015)第5.10.3条规定制定。

《公路工程施工安全技术规范》(JTG F90—2015)第5.10.3条规定:"爆破作业和爆破器材的采购、运输、储存等应按照现行《民用爆炸物品安全管理条例》和《爆破安全规程》(GB 6722)执行。"

施工单位使用爆破器材应办理审批手续后持证购买,并按指定线路运输。爆破器材使用应符合《爆破安全规程》(GB 6722)有关规定。

典型案例——

事故简要情况:2012年5月19日8时30分左右,某高速公路隧道内,载有炸药的车辆卸货时发生爆炸,该车载有288kg炸药,事发时隧道内有24人,其中20人当场死亡,4人幸存者中有1人受重伤,1人受轻伤。

事故主要原因:爆破管理人员未严格按照《爆破安全规程》(GB 6722—2014)进行爆破物品管理,爆炸药、雷管接受监管力度不足,管理人员岗前培训流于形式,爆炸药、雷管、人员一起进入隧道,运输车辆也非专业运输爆炸药的车辆,而且隧道内没有设置储存爆炸药的专业保险柜,在没有运输到爆炸药储存的道路上发生爆炸。施工单位自身管理不当,机械设备使用混乱。

10.7.3 爆破作业应设置警戒区并安排警戒人员,水下爆破作业应在现场设置禁航信号与警戒船。

【解读】　本条是关于爆破作业的警戒规定，依据《公路工程施工安全技术规范》(JTG F90—2015)第5.10.6条、《水运工程施工安全防护技术规范》(JTS 205-1—2008)第5.12.5条规定制定。

《公路工程施工安全技术规范》(JTG F90—2015)第5.10.6条规定："爆破作业必须设警戒区和警戒人员，起爆前必须撤出人员并按规定发出声、光等警示信号。"

《水运工程施工安全防护技术规范》(JTS 205-1—2008)第5.12.5条规定："爆破作业前必须发布爆破通告，其内容应包括爆破地点，每次爆破起爆时间，安全警戒范围、警戒标志和起爆信号等。爆破作业必须设置警戒人员或警戒船，起爆前必须按规定发出声、光等警示信号。"

由于爆破引起的振动、个别飞散物、空气冲击波、噪声、水中冲击波、动水压力、涌浪、粉尘、有害气体等，可能对爆破区附近保护对象产生有害影响，因此爆破地点与人员和其他保护对象之间应保持安全允许距离，同时设置警戒区，以避免无关人员进入爆破作业影响区域而造成伤害。

10.7.4　水下爆破作业应进行作业区域及周围环境状况调查，爆破影响范围内有水下管线、堤防等重要构筑物时，应进行试爆并监测。起爆前应检查药包布设位置，投药船离开投药地点后应检查船底、船舵及船桨有无缠绕的爆破导线或药包。

【解读】　本条规定了水下爆破作业的相关要求，依据《水运工程设计通则》(JTS 141—2011)第6.4.1.3条规定制定。

《水运工程设计通则》(JTS 141—2011)第6.4.1.3条规定："水下爆破作业采用爆破排淤填石和水下爆破夯实法应对爆破效果和影响范围内环境状况的重要设施提出监控技术要求。爆破影响范围内有水下管线、堤防等重要构筑物时，应进行试爆并监测。起爆前应检查药包布设位置，投药船离开投药地点后应检查船底、船舵及船桨有无缠绕的爆破导线或药包。"

爆破施工前的安全工作应包括下列内容：①检查爆破作业船和设备技术性能；②制定爆破危险区内船舶、设备、管线和建筑物的安全防护措施；③设立爆破危险区边界警戒标志和禁航信号；④调查爆破区附近建筑物、水生物、不良地质现象和水下遗留爆炸物，检测杂散电流等。

投药船离开投放药包的地点前，潜水员必须严格检查船底、船舵、螺旋桨、缆绳和其他附属物是否挂有药包、导线等。水下爆破引爆前，潜水员必须回到船上，警戒区内的所有船舶和人员必须移至安全地点。

典型案例——

事故简要情况:2012年9月26日17时45分左右,某港区防波堤施工爆破作业过程中发生事故,施工现场初步认定有17名施工人员,经紧急抢救,14人获救,3人失踪,获救伤员全部送往医院抢救,其中3人经抢救无效死亡。

事故主要原因:未严格按爆夯作业施工方案组织施工,在布药海面上未布设醒目的漂浮标志,起爆前未按规定安排潜水员下水对船体是否钩挂药包网络进行检查确认;在进行水下爆破施工前,未取得海事、港航等部门施工作业许可,违规擅自进行施工作业;违反规定临时聘用其他爆破公司爆破技术人员和爆破员进行爆破作业。

10.8 水上水下作业

10.8.1 水上水下作业前应办理水上水下施工作业许可证,制订施工通航安全保障方案,发布航行警告、航行通告。

【解读】 本条是关于水上水下施工作业前有关程序的规定,主要是为维护水上交通秩序,保障船舶航行、停泊和作业安全。依据《中华人民共和国水上水下活动通航安全管理规定》(交通运输部令2021年第24号)第十九条、第二十七条的有关规定制定。

《中华人民共和国水上水下活动通航安全管理规定》第十九条规定:“从事按规定需要发布航行警告、航行通告的水上水下作业或者活动,应当在作业或者活动开始前办妥相关手续。”第二十七条规定:“海事管理机构应当建立作业或者活动现场监督检查制度,依法检查建设单位、主办单位和施工单位所属船舶、海上设施或者内河浮动设施、人员水上通航安全作业条件、采取的通航安全保障措施、应急预案、责任制度落实情况。有关单位和人员应当予以配合。”

在管辖水域内从事需经许可的水上水下作业或者活动,建设单位或者施工单位应当向作业地或者活动地的海事管理机构提出申请并报送下列材料:①申请书;②申请人、经办人相关证明材料;③作业或者活动方案,包括基本概况、进度安排、施工作业图纸、活动方式,可能影响的水域范围,参与的船舶、海上设施或者内河浮动设施及其人员等,法律、行政法规规定需经其他有关部门许可的,还应当包括与作业或者活动有关的许可信息;④作业或者活动保障措施方案、应急预案和责任制度文本。在港口进行可能危及港口安全的采掘、爆破等活动,建设单位、施工单位应当报经港口行政管理部门许可。港口行政管理部门应当将许可情况及时通报海事管理机构。

在管辖水域内从事需经许可的水上水下作业或者活动,应当符合下列条件:①水上水下作业或者活动的单位、人员、船舶、海上设施或者内河浮动设施符合安全航行、停泊和作业的要求;②已制定水上水下作业或者活动方案;③有符合水上交通安全和防治船舶污染水域环境要求的保障措施、应急预案和责任制度。

10.8.2　水上水下作业应考虑洪水、台风、波浪、水流、潮汐、通航等因素影响,作业区域应设置安全警示标志,与作业无关的船舶、人员及设施不应进入作业区域。

【解读】　本条是关于水上水下作业过程有关安全措施的规定,主要根据《中华人民共和国水上水下活动通航安全管理规定》第十八条规定制定。

> 《中华人民共和国水上水下活动通航安全管理规定》第十八条规定:"海事管理机构应当根据作业或者活动水域的范围、自然环境、交通状况等因素合理核定安全作业区的范围,并向社会公告。需要改变的,应当由海事管理机构重新核定公告。水上水下作业或者活动已经海事管理机构核定安全作业区的,船舶、海上设施或者内河浮动设施应当在安全作业区内进行作业或者活动。无关船舶、海上设施或者内河浮动设施不得进入安全作业区。建设单位、主办单位或者施工单位应当在安全作业区设置相关的安全警示标志、配备必要的安全设施或者警戒船。"

洪水、台风、波浪、水流、潮汐、通航等是较常见且主要的水上水下作业施工安全影响因素。当船舶在大风天气中作业时,易使船舶发生偏航、船舶摇晃剧烈;水深较浅时,易发生搁浅、触礁等事故,进而造成船舶舱室进水、船舶倾覆等海难事故发生。波浪对船舶作业的影响包括因波浪而产生的船舶摇摆和波浪对船舶的漂流力,当船舶遭遇横浪时,发生横摇谐振运动,船舶摇摆加剧,诱发大量的甲板上浪,危及船舶安全;当船舶遭遇顺浪时,易出现尾淹、航向不稳甚至打横现象。水流及潮汐则对船舶航速,冲程,舵效,旋回等船舶操纵性能产生一定影响。船舶顺流航行时,实际航速加大,对地冲程增加,舵效变差。通航影响主要是施工船舶侵占正常航行水域和锚地时,与正常航行船舶存在碰撞安全隐患。施工船舶在作业过程应加强与水情、气象部门的联系,及时收听、公布风雨、洪汛情况的预报,并根据需要,建立救护组织,配齐救生船艇;在航行中遇狂风暴雨、浓雾及洪水等恶劣气象,应立即选择安全地点停泊,不应冒险航行。

10.8.3 施工船舶号灯号型应满足作业要求,作业时应与施工水域的掩护条件、水深、风浪、水流及其变化等工况条件相适应,不应超出核定航区作业,在狭窄水道或来往船舶较多的水域应明确船舶避让规则。

【解读】 本条是关于施工船舶在水上水下作业过程中有关安全措施的规定,根据《水运工程施工安全防护技术规范》(JTS 205-1—2008)第10.1.3条、第10.1.6条和第10.1.17条有关规定制定。

> 《水运工程施工安全防护技术规范》(JTS 205-1—2008)第10.1.3条规定:“施工船舶必须在核定航区或作业水域内施工。”第10.1.6条规定:“作业、航行或停泊时,施工船舶应按规定显示号灯或号型。”第10.1.17条规定:“施工船舶的各种设备、设施、安全装置及工索具等应定期进行检查、维护、保养或更换。”

水上作业工况条件不应超过施工船舶作业性能,超过时应停止作业。水上作业工况条件虽未超过施工船舶的作业性能,但难以保障作业人员的安全,也应停止作业。在狭窄水道或来往船舶较多的水域作业时,由于可航水域的限制,大型船舶采用大角度转向的方法来避让来船是难以实施的,所以必须通过严格控制或改变速度来达到避让的目的,提倡“多用车让,少用舵让”。首先应正确保持好自己的船位(按避碰规则的规定行驶在航道的右侧)和采用适合当时环境与条件的安全航速,并根据当时的实际情况,适时采用甚高频电话与来船联系,尽早通过通信与沟通来协调双方的避让行动,与来船的会遇距离可视当时的环境与条件而定,但是必须确保相互通过时的安全,防止遇横距过近而引起意外事故。另外,施工船舶在狭水道避让小船和渔船时,必须认真观测和正确掌握它们的航行规律,主动积极地采取正确的避让措施。例如小船由于其主机功率小,船速低,一般都要借流航行。另外,为了节省时间和方便,小船一般都喜欢采用对角线走近路的航行方式,航行时往往只顾前方,不顾后面和左右,特别是在冬天,封闭的驾驶台加上柴油主机较响的声音,难以听到大船的警告笛号。施工作业船舶驾驶人员应充分认识到这些小船的特点及顺潮航行的规律,保持足够戒备,并运用良好的船艺,谨慎驾驶。

典型案例——

事故简要情况:2017年3月,某公司所属的“C”轮从某港2号甲锚地起锚后由南向北横越航道过程中,在长江29号红浮下游约650m处的下行船舶推荐航路内,与从该港2号甲锚地起锚下行的“J”轮发生碰撞,事故造成“C”轮球鼻艏破损;“J”轮沉没,在船13人全部落水,其中7人获救、6人死亡,构成较大等级水上交通事故。

事故主要原因：“C”轮疏忽瞭望、未尽主动避让等义务。而“J”轮疏忽瞭望、避让措施不当，是事故发生的直接原因。

10.8.4　陆用施工机械上驳船组合作业应编制专项施工方案，进行船舶稳性和结构强度验算。

【解读】　本条是关于陆用施工机械上驳船组合作业的规定。主要参考《水运工程施工安全防护技术规范》(JTS 205-1—2008)第4.7.3条规定制定。

> 《水运工程施工安全防护技术规范》(JTS 205-1—2008)第4.7.3条规定：“陆用施工机械上驳船组合作业必须制定专项施工方案，并附具船舶稳性和结构强度验算结果。”

陆用施工机械上驳船组合作业是水上水下作业中常见的施工方式。陆用施工机械上驳船组合作业，应确保驳船性能满足作业要求，主要应考虑组合作业时，驳船在风浪、水流等工况条件和陆用施工机械作业所产生的施工荷载下的稳定性和结构强度是否满足安全要求。

陆用施工机械上驳船组合作业专项施工方案应包含工程概况、编制依据、施工计划、施工工艺技术、施工安全保证措施及相关计算书等内容。其中船舶稳定性验算主要对船舶定倾高度进行计算；结构强度应验算陆用机械与驳船的固封装置是否满足组合作业时最不利工况下陆用机械受到的荷载，当船舶稳定性和结构强度均满足要求时，方可进行组合作业施工。

10.8.5　潜水作业前应了解现场的水文、气象、施工船舶锚缆布设及移动范围等情况，制订安全保障措施。无关船只不应进入潜水作业水域。

【解读】　本条是关于潜水作业的安全措施规定。主要参考《水运工程施工安全防护技术规范》(JTS 205-1—2008)第5.11.8条规定制定。

> 《水运工程施工安全防护技术规范》(JTS 205-1—2008)第5.11.8条规定：“潜水员下水作业前，应熟悉现场的水文、气象、水质和地质等情况，掌握作业方法和技术要求，了解施工船舶的锚缆布设及移动范围等情况，并制定安全处置方案。”

相对于不同的潜水方式，水文气象有不同的限制要求。潜水前应了解现场的水文气象情况，超过限制要求应停止潜水作业。潜水作业前了解施工船舶锚缆布设及移动范围等情况，有助于潜水员避开锚缆干扰，防范锚缆造成的绳索绞缠等潜水安全风险。在通航水域潜水,现场应悬挂潜水作业的信号旗、信号灯或号型,禁止无关船只进入潜水作业水域。安全保障措施中应包含潜水单位及人员资质资格证书审查、潜水装具和附属设备检查、潜水作业控制、潜水员减压方案等内容。

典型案例——

事故简要情况:2018年1月,某公路项目桥梁桩基因开孔后长时间停钻导致孔壁坍塌埋锤,经长时间返浆、清孔实施捞锤未成功,故采取潜水捞锤措施。潜水员下水捞锤作业时,因供气管与钢丝绳发生意外缠绕,无法上浮,导致一名潜水员发生溺亡事故,经济损失110万元。

事故主要原因:因施工单位安全管理不到位,未严格审核个体潜水队相关资质,将桩锤打捞工作发包给不具备安全生产条件的个体潜水队,且未督促潜水队在进行水下危险作业时遵守操作规程,提前探摸潜水区环境,制定并落实安全保障措施。

10.9 涉路作业

10.9.1 涉路施工应针对施工作业与交通运营相互干扰的风险制订预防预控措施,设置施工作业控制区,做好施工交通组织管理。施工作业控制区临时交通安全设施设置应满足工程实际需要。

【解读】 本条规定了涉路施工的一般要求,依据《公路路基施工技术规范》(JTG/T 3610—2019)第9.4.5条规定制定。

> 《公路路基施工技术规范》(JTG/T 3610—2019)第9.4.5条规定:“在不封闭交通情况下进行公路改扩建或相关涉路施工,应按相关规定和交通组织方案设置作业控制区,施工路段两端及沿线进出口处应设置明显的临时交通安全设施,并定期进行检查和维护。”

涉路施工一般指公路改扩建施工和新建公路跨越、下穿、拼接既有公路等施工作业。涉路施工作业可分为长期涉路施工作业、短期涉路施工作业、临时涉路施工作业和移动涉路施工作业,并应根据涉路施工作业类型制订相应的安全保通方案。

长期涉路施工作业应加强交通组织,必要时修建保通道,宜采用稳固式安全设施并及时检查维护,加强现场涉路施工安全作业管理;短期涉路施工作业应按要求布置作业控制区,可采用易于安装拆除的安全设施;临时和移动涉路施工作业控制区布置可在长期和短期涉路施工作业控制区基础上，根据实际情况，在保障安全的前提下进行简化。

典型案例——

事故简要情况：2019 年 10 月 4 日，某高速公路改扩建项目 K2759 +300 左半幅双向双车道通行路段，发生一起重型半挂牵引车牵引重型平板半挂车与小轿车碰撞事故，造成 5 人当场死亡，两车不同程度损坏的较大道路交通事故。

事故主要原因：施工单位未严格按照经批准的施工方案施工，一是没有按经审批的施工方案设置临时交通安全设施（防撞桶），仅使用交通锥和未注水的水马等设施进行隔离；二是施工改道紧急通道开口宽度不足；三是没有做好施工交通组织管理，未能在重大节假日保畅通的情况下恢复四车道通行。

10.9.2 桥梁跨线施工应搭设安全防护棚，安全防护棚应具备足够的抗砸与抗冲击能力。

【解读】 本条规定了桥梁跨线施工安全防护设施的相关要求，依据《公路工程施工安全技术规范》（JTG F90—2015）第 8.13.1 条规定制定。

《公路工程施工安全技术规范》（JTG F90—2015）第 8.13.1 条规定："索塔施工应设警戒区，通往索塔人行通道的顶部应设防护棚。"

跨路、跨线施工应尽可能封闭下方道路，为行人和车辆开辟新的临时道路。在无法封闭下方道路的情况下，应搭设跨线桥梁安全防护棚。安全防护棚应具备较强的防砸、抗冲击能力，其长度应大于自由坠落的防护半径。

典型案例——

事故简要情况：2016 年 6 月，某地高速公路跨线桥正在进行桥面系作业，一个石块从桥上掉落，击中下方道路上一辆正在行驶的汽车，造成挡风玻璃破碎，驾驶员受惊吓导致车辆撞击中分带防护栏，造成驾驶员轻伤。

事故主要原因：该项目在跨线桥施工作业时未按要求设置安全防护棚，导致跨线桥物体坠落击打下方通行车辆。

10.9.3　作业车辆、机械设备宜设置安全警示灯。

【解读】　本条规定了涉路作业车辆及机械设备的安全警示要求,依据《公路安全保护条例》第五十二条规定制定。

> 《公路安全保护条例》第五十二条规定:"公路养护作业人员作业时,应当穿着统一的安全标志服。公路养护车辆、机械设备作业时,应当设置明显的作业标志,开启危险报警闪光灯。"

涉路施工现场受机械设备、过往车辆等影响较为嘈杂,导致作业人员、作业车辆、机械设备及其操作者之间难以仅仅根据声音判断附近风险因素,此时在作业车辆及机械设备上设置安全警示灯,可通过增强视觉刺激的方式改善视认和辨识条件,起到警示、预警作用。

11　公路工程

11.1　路基路面工程

11.1.1　路基工程开工前,应进行现场施工调查与核对,掌握施工范围内地形、地质、水文、气象以及地下埋设的各种管线等情况,制订安全防护措施。

【解读】　本条是关于路基工程施工前作业环境调查工作的规定,依据《公路工程施工安全技术规范》(JTG F90—2015)第6.1.1条规定制定。

> 《公路工程施工安全技术规范》(JTG F90—2015)第6.1.1条规定:"路基施工前应掌握影响范围内地下埋设的各种管线情况,制定安全措施。施工中发现危险品及其他可疑物品时,应立即停止施工,按照规定报请有关部门处理。"

近年来,因地质灾害引起的路基滑坡、坍塌及施工过程中挖断地下管线等事故频发,不仅造成重大的生命财产损失,还带来了较大的社会负面影响,严重影响到周边居民的正常生活,所以在施工前必须严格开展地质勘察,与相关产权单位对接,明确施工措施与方法,避免类似事故发生。

典型案例——

事故简要情况:2015年6月,某公路项目进行基础开挖施工,开挖至地表以下2m时,触及地下埋置的热电厂用直径1.2m输水管,水管内压力较高,发生爆管,导致两名施工人员重伤。

事故主要原因：施工前未对现场进行充分调查核对，在不知道地下埋设有压力管道的情况下开挖作业。

11.1.2　取(弃)土场(坑)施工作业应设置警示标志和安全防护设施，不应危及既有建(构)筑物等设施的安全。

【解读】　本条是关于取(弃)土场(坑)周边环境和选址的规定，依据《公路工程施工安全技术规范》(JTG F90—2015)第6.1.7条、第6.3.1条规定制定。

> 《公路工程施工安全技术规范》(JTG F90—2015)第6.1.7条规定："弃方应在施工前，应现场核实弃土场的具体情况，弃土场四周应设立警示标志。"第6.3.1条规定："取土场(坑)的边坡、深度等应满足设计要求，且不得危及周边建(构)筑物等既有设施安全。"

取(弃)土场不属于施工主体工程，常常在管控中受到忽略。而取(弃)土场的土方量较大，危险性较大，易发生坍塌、滑坡等事故导致群死群伤，要严格进行管控。取土坑四周应设围挡设施、危险警示标志，坑壁应放坡，坡率应符合要求。弃土场应在施工前核实确定，弃土场周围要做好处理，确保场地排水畅通、不积水。在弃土过程中，应严格按照摊铺、碾压程序施工，严禁未经碾压直接摊铺新土层。

典型案例——

事故简要情况：2015年12月20日，深圳市某红坳渣土受纳场发生滑坡事故，造成73人死亡，4人下落不明，17人受伤(重伤3人，轻伤14人)，33栋建筑物被损毁、掩埋，90家企业生产受影响，涉及员工4630人。事故造成直接经济损失为8.81亿元。

事故主要原因：红坳受纳场没有建设有效的导排水系统，受纳场内积水未能导出排泄，致使堆填的渣土含水过饱和，形成底部软弱滑动带；严重超量超高堆填加载，下滑推力逐渐增大、稳定性降低，导致渣土失稳滑出，体积庞大的高势能滑坡体形成了巨大的冲击力，加之事发前险情处置错误，造成重大人员伤亡和财产损失。

11.1.3 高边坡工程应按设计要求逐级开挖、逐级防护,并开展边坡稳定性监测,及时设置截、排水设施,临近建(构)筑物作业时应采取隔离、保护措施。

【解读】 本条是关于高边坡工程开挖、防护、监测的规定,依据《公路工程施工安全技术规范》(JTG F90—2015)第6.3.5条、第6.3.6条规定制定。

《公路工程施工安全技术规范》(JTG F90—2015)第6.3.5条规定:“路堑开挖应采取保证边坡稳定措施,边坡有防护要求的应开挖一级防护一级,且应自上而下开挖,不得掏底开挖、上下同时开挖、乱挖超挖。开挖应按施工方案执行,并应符合下列规定:

1 宜按规定监测土体稳定性。

2 应采取临时排水措施。

3 应及时排除地表水、清除不稳定孤石。”

第6.3.6条规定:“深挖路堑施工应及时施作临时排水设施。边坡应严格按设计坡度开挖,并应监测边坡的稳定性。”

路堑高边坡工程要按设计要求逐级开挖逐级防护,路堑开挖应采取保证边坡稳定的措施,边坡有防护要求的应开挖一级防护一级,且应自上而下开挖,不得掏底开挖、上下同时开挖、乱挖超挖,要开展边坡稳定性监测,及时掌握高边坡的动态位移变化及其变化趋势,及时设置截、排水设施,靠近交通要道作业时要设置隔离、防护措施。

典型案例——

事故简要情况:2014年12月29日,某公路工程路基高边坡施工过程中,坡体突然局部坍塌,导致5名工人被掩埋,事故造成5名工人死亡,直接经济损失约570万元。

事故主要原因:该项目施工单位在施工过程中边坡开挖坡度超过设计文件要求,未及时进行边坡稳定性监测,最终坡体因结构不稳定及遭遇不良地质而局部坍塌。

11.1.4 特殊路基工程应按设计要求采取合理的整治方案,明确施工安全防护、过程监测等工程措施。

【解读】 本条是关于特殊路基工程的安全防护、过程监测的规定,依据《公路工程施工安全技术规范》(JTG F90—2015)第6.8.1条规定制定。

《公路工程施工安全技术规范》(JTG F90—2015)第6.8.1条规定:“滑坡地段路基施工应符合下列规定:

1　路基施工应加强对滑坡区内其他工程和设施的保护。滑坡区内有河流时,施工不得使河流改道或压缩河道。

2　滑坡影响范围应设安全警示标志,根据现场情况设置围挡等防护措施。

3　滑坡影响范围内不得设置临时生产、生活设施或停放机械、堆放机具等。

4　施工前应先做好截、排水设施,并应随开挖随铺砌。施工用水不得浸入滑坡地段。

5　滑坡体上开挖路堑和修筑抗滑支挡构筑物时,应分段跳槽开挖,不得大段拉槽开挖,并随挖、随砌、随填、随夯;开挖与砌筑时应加强支撑和临时锚固,并监测其受力状态;采用抗滑桩挡土墙共同支挡时,应先做抗滑桩后做挡土墙。

6　冰雪融化期不得开挖滑坡体,雨后不得立即施工,夜间不得施工。”

特殊路基是指位于特殊土地段、不良地质地段,受水、气候等自然因素影响强烈的路基。黏土路基、软土地区路基、滑坡地段路基、岩溶地区路基、沿河(海)地区路基等特殊路基工程因地质构造原因,施工难度大、安全风险高,应严格落实先方案再审批后实施的流程,并在施工过程中充分利用技术手段,做好地表沉降、土体深层水平位移、空隙水压力、净土压力等监控监测工作,设置安全警示标志及围挡等防护措施,消除安全隐患,规避相应安全风险。

典型案例——

事故简要情况:2007年4月27日,某公路边坡支护工程施工现场发生一起坍塌事故,造成3人死亡、1人轻伤,直接经济损失60万元。事发当日上午,劳务队5名施工人员人工开挖北侧山体边坡东侧挡土墙基槽。16时左右,自然地面上方5m处坡面突然坍塌,除在基槽东端作业的1人逃离之外,其余4人被坍塌土体掩埋。

事故主要原因:施工单位在没有进行地质灾害危险性评估的情况下,盲目施工,也没有根据现场的地质情况采取有针对性的防护措施,违反了自上而下分层修坡、分层施工工艺流程,从而导致了事故的发生。

11.1.5　路面施工现场出入口、未施工完成的下承层沟槽及伸缩缝处应设置警示标志及临时封闭设施。

【解读】 本条是关于路面施工出入口的规定,依据《公路工程施工安全技术规范》(JTG F90—2015)第7.1.2条、第7.1.4条规定制定。

《公路工程施工安全技术规范》(JTG F90—2015)第7.1.2条规定:"施工现场出入口、沿线各交叉口等处应设明显警示、警告标志,并应设专人指挥。"第7.1.4条规定:"开挖下承层沟槽或施作伸缩缝应设置明显的安全警示标志。"

进入路面施工后,因施工区域呈线性分布,路面施工作业点位置随时改变,现场通行路线随之变化,且开挖下承层沟槽或施作伸缩缝易造成车辆交通事故。因此,在开挖下承层沟槽或施作伸缩缝应设置明显的安全警示标志,在施工现场出入口、沿线各交叉口、车道转换等位置设置警告、减速慢行、限速、指示方向等标志,并应设专人指挥。

典型案例——

事故简要情况:2008年9月27日,某高速公路路面施工作业施作伸缩缝后工人下班离开,当天晚上,一社会车辆为节省通行路程,闯入正在施工的高速公路,前轮撞击伸缩缝导致车辆驾驶员甩出摔死。

事故主要原因:施工单位在伸缩缝施工后未设置明显的警示标志,施工现场出入口未设置专人看守,导致社会车辆在不熟悉施工现场交通路线情况下进入路面施工区域,撞击伸缩缝发生交通事故。

11.1.6 现场非作业车辆和人员未经同意不应进入路面施工作业区。

【解读】 本条是关于路面施工现场车辆及人员管控方面的规定,依据《公路工程施工安全技术规范》(JTG F90—2015)第7.1.2条、第7.1.4条规定制定。

《公路工程施工安全技术规范》(JTG F90—2015)第7.1.2条规定:"施工现场出入口、沿线各交叉口等处应设明显警示、警告标志,并应设专人指挥。"第7.1.4条规定:"开挖下承层沟槽或施作伸缩缝应设置明显的安全警示标志。"

路面施工现场作业车辆、设备较多,存在高温烫伤、机械伤害、车辆伤害等风险,对外部车辆和人员未采取有效管控措施,容易造成非作业人员伤害。施工单位应对施工区域实行交通管制,设置"前方施工、禁止进入"等安全警示牌,安排专人指挥,严禁非施工车辆和人员进入。

典型案例——

事故简要情况:2018 年 8 月 4 日,某公路工程进行水稳层施工,中午 12:40 左右,负责胶轮压路机的余某,采取由东向西方向进行碾压,在倒碾压过程中,不慎将工人卢某碾轧,后经医院救护人员全力抢救无效后死亡。

事故主要原因:与水稳层施工无关的卢某未经同意擅自进入作业区域。

11.1.7　隧道沥青路面施工应采用机械通风排烟,应对隧道内空气中有毒气体和可燃气体进行监测。

【解读】　本条是关于隧道内沥青路面施工通风排烟的规定,依据《公路工程施工安全技术规范》(JTG F90—2015)第 7.1.6 条、《隧道施工安全九条规定》(安监总管二〔2014〕104 号)第 5 条规定制定。

《公路工程施工安全技术规范》(JTG F90—2015)第 7.1.6 条规定:"隧道内摊铺沥青混凝土路面应符合下列规定:

1　应采用机械通风排烟,隧道内空气中的有毒气体和可燃气体的浓度不得超过相关规定。

2　隧道内作业人员应佩戴符合要求的防毒面具。

3　隧道内应有照明和排风等设施,作业人员应穿反光服。"

《隧道施工安全九条规定》第 5 条规定:"必须对有毒有害气体进行监测监控,加强通风管理,严禁浓度超标施工作业。"

隧道内路面施工属于半封闭空间施工作业,沥青摊铺料会散发出苯、萘、蒽、菲、吡啶、酚等挥发性化学物质,并伴随产生高温高热,给作业人员带来较大的职业健康安全风险,所以必须采取强制通风措施。做好现场有毒有害气体监测,隧道内的有毒气体和可燃气体的浓度不得超过相关规定,作业人员应做好相应的个人职业健康安全防护。

典型案例——

事故简要情况:2010 年 8 月 20 日,某公路工程隧道内进行沥青路面摊铺施工,隧道长 1600m,作业人员只佩戴简易口罩,施工至当日下午 14 时,前后有工人感觉不适,呼吸困难,最终造成 9 名工人中毒。

事故主要原因:施工单位违规施工,未采用机械通风排烟,未对隧道内气体进行监测,作业人员未佩戴防毒面具,是该事故的主要原因。

11.2 桥梁工程

11.2.1 翻模、滑(爬)模等自升式架设设施,以及自行设计、组装或者改装的施工挂(吊)篮、移动模架、非定型桥面悬臂吊机等设施在投入使用前,施工单位应组织有关单位进行验收,或者委托具有相应资质的检验检测机构进行验收,验收合格后方可使用。

【解读】 本条是关于自升式架设设施及自行设计、组装或者改装的施工挂(吊)篮、移动模架、非定型桥面悬臂吊机等设施在投入使用前有关验收要求的规定,依据《建设工程安全生产管理条例》第三十五条和《公路水运工程安全生产监督管理办法》第十九条规定制定。

《建设工程安全生产管理条例》第三十五条规定:"施工单位在使用施工起重机械和整体提升脚手架、模板等自升式架设设施前,应当组织有关单位进行验收,也可以委托具有相应资质的检验检测机构进行验收;使用承租的机械设备和施工机具及配件的,由施工总承包单位、分包单位、出租单位和安装单位共同进行验收。验收合格的方可使用。"

《公路水运工程安全生产监督管理办法》第十九条规定:"翻模、滑(爬)模等自升式架设设施,以及自行设计、组装或者改装的施工挂(吊)篮、移动模架等设施在投入使用前,施工单位应当组织有关单位进行验收,或者委托具有相应资质的检验检测机构进行验收。验收合格后方可使用。"

翻模、滑(爬)模等自升式架设设施是指通过自有装置可将自身升高的架设设施。自行设计、组装或改装的挂篮、移动模架等设施设备主要根据施工现场需要定制,这类设备结构复杂多样、技术参数差异大、系统集成性强,需要现场安装调试后方可使用。这类设施设备的安装、拆卸与施工起重机械属于特殊专业施工,具有较高危险性且影响其他相关的分部分项工程施工安全,易造成群死群伤的生产安全事故。这类施工专用设施需要生产(制造)许可证、产品合格证以及验收和试运行合格后方可投入使用。

典型案例——

事故简要情况:2017年2月6日上午8时,某桥梁加固工程有限责任公司

4 名工人依次从安装在桥护栏外的扶梯，下到悬挂在桥梁底部的自制移动式操作吊篮内对某桥梁进行修饰施工。11 时 30 分左右，工人操作桥面平车向前移动过程中，因操作失误不慎将右侧平车配重撬落，导致左、右平车配重失衡，在平车倾覆力矩的作用下，3 名工人被抛落桥下，4 名工人随吊篮坠落地面，造成 2 人当场死亡，2 人送医院抢救无效死亡，3 人重伤。

事故主要原因：该工程使用的自制移动式操作吊篮在设计制造时，未在平车底框加装用于支撑配重的水平杠件或钢板，在平车四周也未设计加装围栏，未采取防止配重脱落的措施。自制移动式操作吊篮属于施工需要，由施工单位自行设计制造的非标准件设备，没有规范的标准作为设计、检测依据，更未经具有相应资质的检验检测机构进行验收，平车的设计制造存在缺陷。

11.2.2 爬(滑)模预埋件设置应符合设计要求，施工前应对工作平台、液压系统、滑升装置、模板系统等进行检查。

【解读】 本条是关于爬(滑)模预埋件施工相关规定，依据《公路桥涵施工技术规范》(JTG/T 3650—2020)第 5.3.4 条规定制定。

《公路桥涵施工技术规范》(JTG/T 3650—2020)第 5.3.4 条规定："采用翻转模板和爬升模板施工时，其结构应满足强度、刚度及稳定性要求。液压爬模应由专业单位设计和制造，并应有检验合格证明及操作说明书。"

爬(滑)模预埋件作为重要的受力构件，设置规范与否会影响爬(模)系统的安全稳定性，需要高度重视。

典型案例——

事故简要情况：2019 年 9 月 29 日，某特大桥建设项目 7 名桥墩，在实施爬模施工停车间歇时，爬模平台突然发生垮塌，砸中下班经过桥墩地面的工人，造成 2 人死亡。

事故主要原因：对爬模系统的检测、检修不到位，未及时发现爬模系统千斤顶的漏油现象，导致该千斤顶油路压力降低。本应同步上升的两台千斤顶出现了一快一慢不均匀上升的情况，使爬架趋于倾斜，产生的附加力作用于导轨上，使导轨端部的活动钢阀与附墙挂座的支撑结构逐渐形成不完全接触，局部受力，使其活动钢阀回缩、失效，最终导致爬轨滑落，爬模局部垮塌。

11.2.3 桥梁悬浇不应采用配重式挂篮设备。挂篮结构应满足强度、刚度和稳定性要求，挂篮移动、锚固应安全可靠，施工荷载不应超过挂篮设计的允许荷载，两端悬臂荷载不平衡偏差应满足设计要求。

【解读】 本条是关于桥梁挂篮施工相关规定，依据《公路桥涵施工技术规范》（JTG/T 3650—2020）第17.5.1条和《公路水运工程淘汰危及生产安全施工工艺、设备和材料目录》第21条规定制定。

《公路桥涵施工技术规范》（JTG/T 3650—2020）第17.5.1条规定："用于悬臂浇筑施工的挂篮，其结构除应满足强度、刚度和稳定性要求外，挂篮与悬浇梁段混凝土的质量比宜不大于0.5，且挂篮的总重应控制在设计规定的限重之内；挂篮的最大变形（包括吊带变形的总和）应不大于20mm；挂篮在浇筑混凝土状态和行走时的抗倾覆安全系数、锚固系统的安全系数、斜拉水平限位系统的安全系数及上水平限位的安全系数均应不小于2；挂篮的支承平台应有足够的平面尺寸，应能满足梁段现场施工作业的需要；挂篮模板的制作与安装应准确、牢固，后吊杆和下限位拉杆孔道应严格按设计尺寸准确预留；挂篮锚固系统所用的轴销、键、拉杆、垫板、螺母、分配梁等应专门设计、加工，并不得随意更换或替代；悬挂系统两端应能与承压面密贴配合，混凝土承压面不规则、不平整时应事前处理，应使吊杆能轴向受拉而不承受额外的弯矩和剪力；挂篮制作加工完成后应进行试拼装，挂篮在现场组拼后，应全面检查其安装质量，并应进行模拟荷载试验，符合挂篮设计要求后方可正式投入使用。"

《公路水运工程淘汰危及生产安全施工工艺、设备和材料目录》第21条规定："将桥梁悬浇配重式挂篮设备作为禁止使用的施工设备。"

配重式挂篮工艺在实际运用过程中，挂篮后的配重压在主梁之上，加大了对梁体承载能力的要求，对梁体预应力管道的布设及混凝土强度要求高；同时存在起重吊装次数多、行走操作安装工序繁杂、占用空间大、行走过跨不稳定、人为不可控因素增加等安全隐患。

此外，《公路水运工程淘汰危及生产安全施工工艺、设备和材料目录》第21条规定，桥梁悬浇配重式挂篮设备，挂篮后锚处设置配重块平衡前方荷载，以防止挂篮倾覆，淘汰类型：禁止。

典型案例1——

事故简要情况：2020年5月17日16时55分左右，某运河连续梁施工工地，

159 号桥墩中跨侧挂篮在下放底模时，挂篮前上横梁突然折断，5 名现场作业工人高处坠落，造成 3 人死亡、2 人受伤，事故直接经济损失约 510 万元。

事故主要原因：挂篮上前横梁栓接处螺栓没有按照设计检算书要求使用 M22 高强螺栓，而是以普通螺栓代替，且直径小于设计尺寸，致使横梁栓接处抗剪承载力不满足使用荷载要求；作业人员在挂篮拆除过程中，未按照挂篮专项拆除方案中的要求，导致瞬间承受的荷载超出横梁栓接处最大承载力，致使横梁栓接处螺栓被拉断，挂篮南侧前上横梁螺栓栓接处突然折断。

典型案例 2——

事故简要情况：某桥梁工程进行挂篮施工的准备工作，浮箱上的起吊机正在往 0 号块桥面上吊运万能杆件。当吊物上升到挂篮左侧上方时，站在 0 号块上的指挥人员指示吊车主臂向右旋转，以使吊物绕过挂篮落位于桥面上。在吊臂旋转过程中，吊物的一端突然碰撞到支撑锚固蹬筋的千斤顶，并把千斤顶打倒，致使挂篮的两组后锚从横梁两端滑脱，挂篮失稳，整体从 20m 的高处坠落，正在挂篮上进行作业的 7 人随同挂篮一同坠入江中，造成 4 人溺水死亡。

事故主要原因：按照挂篮施工设计要求，应对挂篮的 4 个锚固点应进行锚固，但该工程实际建设中只锚固了 2 个点，对此，工程负责人及现场技术人员视而不见，不检查、不纠正，导致挂篮整体稳定性差。

典型案例 3——

事故简要情况：2021 年 7 月 25 日 8 时 2 分左右，某公路大桥施工段右幅 165 号、166 号墩边跨梁发生箱梁垮塌事故，造成 4 人死亡、1 人失踪。事发时，165 号墩 A6 节段挂篮施工完毕，5 名工人继续实施挂篮向 166 号墩侧方向移动工作，准备施工 A7 节段，移动过程中挂篮前端辅助施工部件与现浇段梁底满堂碗扣支架位置冲突，工人为使挂篮移动到位，擅自拆除梁底部分碗扣支架剪刀撑、横撑和立杆。经计算，拆除部分钢管立杆后立杆轴力重新分配，部分立杆超出承载能力范围，不稳定体系结合局部轴力超限形成面向 165 号墩侧方向的低头变形，支架局部失稳，直至满堂支架整体失稳。

事故主要原因：工人在移动挂篮的过程中违规拆除梁底部分碗扣支架剪刀撑、横撑和立杆，导致钢管立柱轴力重新分配，轴力超出钢管立柱承载能力范围、造成钢管压溃、满堂支架失稳，最终造成整个支架体系垮塌。

11.2.4 移动模架应由设计制造厂家派专人现场指导安装与调试,使用前应进行试拼装和静载试验,并按设计要求进行预压。

【解读】 本条是关于移动模架安装、调试及使用前基本要求的规定,依据《公路工程施工安全技术规范》(JTG F90—2015)第8.11.2条规定制定。

《公路工程施工安全技术规范》(JTG F90—2015)第8.11.2条规定:“移动模架施工应符合下列规定:

1 模架应按产品的操作手册拼装,并由移动模架设计制造厂家派专人现场指导安装与调试。

2 首孔梁浇筑位置就位后应按设计要求进行预压。

3 混凝土的浇筑过程中,应随时检查模架的关键受力部位和支撑系统,有异常时应采取有效措施及时处理;移动过孔时,应监控模架的运行状态。”

本规定主要为保证移动模架的使用安全,移动模架的墩旁托架及落地支架,应具有足够的强度、刚度和稳定性,基础必须坚实稳固;移动模架拼装前,必须对各零部件的完好情况进行检查。拼装完毕,均应进行全面检查和试验,符合设计要求后,方可投入使用。

典型案例——

事故简要情况:某大桥采用移动模架施工,施工过程中由于移动模架施工较慢,其中一跨只能做支架现浇,支架搭设完成后,采用沙袋做预压,当沙袋加高至6~9m时,突然坍塌,死亡2人。

事故主要原因:移动模架未按设计要求进行预压,导致预压不到位,且预压过程中未实时监测裂缝和变形情况。

11.2.5 悬臂拼装起吊作业应符合JTG/T 3650的有关规定,梁、墩临时锚固或墩顶临时支撑的设置及拆除应满足设计要求。

【解读】 本条是关于悬臂拼装起吊作业的基本安全技术要求的规定,依据《公路工程施工安全技术规范》(JTG F90—2015)第8.11.4条规定制定。

《公路工程施工安全技术规范》(JTG F90—2015)第8.11.4条规定:“悬臂浇筑除应符合现行《公路桥涵施工技术规范》(JTG/T 3650)的有关规定外,挂篮制作加工完成后应进行试拼装。现场组拼后,应检查验收,并应按最大施工组合荷载的1.2倍做荷载试验;挂篮行走滑道铺设应平顺,锚固应稳定。行走前应检查行走系统、吊挂系统、模板系统等；挂篮应在混凝土强度符合要求后移动，墩两侧挂篮应对称平稳移动；就位后应立即锁定；挂篮每次移动后，应经检查验收；雨雪天或风力超过挂篮设计移动风力时，不得移动挂篮。”

悬臂拼装前应对起吊设备进行全面安全技术检查，悬臂拼装作业应注意控制悬拼过程中梁的稳定性、振动、各杆件应力和局部稳定性，悬拼时梁的挠度需在控制范围内。为保证施工安全和梁体线形等，梁、墩临时锚固或墩顶临时支撑要能承受悬臂拼装施工阶段产生的不平衡力矩，其设置及拆除应满足设计要求。

典型案例——

事故简要情况：2005年11月5日中午1时55分，某公路大桥在施工过程中悬拼拱架突然发生垮塌。当时正在施工的19名工人落下河谷，该起事故共造成16人死亡，3人受伤，直接经济损失352.1万元。

事故主要原因：该工程管理较为混乱且现场无监理人员，无正式经过审批的施工组织设计，4排施工拱架间横联薄弱。

11.2.6　架桥机轨道应设置限位器、缓冲器等安全装置，支腿处应铺设垫木，垫木应使用硬杂木，一般不多于3层。纵向移动应设专人指挥，不应中途停顿，宜对架桥机关键受力结构变形监测，停止作业的架桥机应临时锚定。

【解读】　本条是关于架桥机使用的相关规定，依据《公路工程施工安全技术规范》（JTG F90—2015）第4.6.4条、第8.11.3条规定制定。

《公路工程施工安全技术规范》（JTG F90—2015）第4.6.4条规定：“龙门吊、架桥机等轨道行走类设备应设置夹轨器和轨道限位器。轨道的基础承载力、宽度、平整度、坡度、轨距、曲线半径等应满足说明书和设计要求。”第8.11.3条规定：“存梁台座应坚固稳定，且应高出地面0.2m以上，存放地点应设置排水系统。梁、板构件存放支点位置应符合设计规定。上下层垫木应在同一条竖线上；叠放的高度宜按构件强度、台座地基的承载力、垫木强度及叠放的稳定性等计算确定，大型构件不宜超过2层，小型构件不宜超过6层；装配式架桥机的抗倾覆稳定系数不得小于1.3；架桥机过孔时，起重小车应位于对稳定最有利的位置，且抗倾覆稳定系数不得小于1.5。架桥机的安装、使用、检修、检验等应符合现行《架桥机安全规程》（GB 26469）的有关要求；梁、板构件移动吊点位置应符合设计规定，经冷拉的钢筋不得用作构件吊环，吊环应顺直，吊绳与起吊构件的交角小于60°时应设置吊梁或起吊扁担；吊移高宽比较大的预应力混凝土T形梁和I形梁应采取防止梁体侧向弯曲的有效措施；架桥机纵向移动应一次到位，不得中途停顿。起吊天车提升与携梁行走不得同时进行，天车携梁应平稳前移。停止作业的架桥机应临时锚固。"

安全防护装置是防止架桥机事故的重要措施。包括限制运动行程和工作位置的装置、锚定、防风和滑移的装置、联锁保护装置和紧急停止开关等。吊梁时，应保持梁体相对水平，保持架桥机承载均匀、平稳，不能忽起忽落。宜对架桥机关键受力结构变形监测，为检查架桥机的使用状态和维护方案提供数据。架桥机停止作业时，横移轨道应夹紧夹轨器，做好防风措施。

典型案例——

事故简要情况：2019年7月18日，某一级公路改扩建工程某标段大桥架桥机在作业过程中突然发生解体倾覆，造成5人死亡、4人重伤、3人轻伤的较大事故，直接经济损失约1295.3万元。

事故主要原因：事故架桥机左前支腿钢筒支撑销轴安装不当，在架桥机运行中逐渐退出脱落，导致架桥机在负重状态下突然失稳倾覆解体。此外，事故架桥机在事故发生时已使用8年之久，未按《架桥机安全规程》(GB 26469—2011)规定进行安全评估，金属结构件锈蚀、磨损严重，有多处改动、焊接加固、维修痕迹，多处安装不符合规范要求，部分金属结构有陈旧性断裂，架桥机整体安全性能较差，已不具备基本的安全技术条件。

11.2.7　大跨径拱桥施工应开展施工过程监测与控制，应对拱桥形成过程中结构的变形、应力等进行分析评价和适时调整，使其控制在设计计算允许范围内。

【解读】　本条是关于大跨径拱桥施工过程监测的相关规定，依据《公路工程施工安全技术规范》(JTG F90—2015)第8.12.2条、第8.12.3条规定制定。

《公路工程施工安全技术规范》(JTG F90—2015)第8.12.2条规定："拱架及模板应进行专项设计，强度、刚度和稳定性应满足最不利工程工况要求。落地式拱架弹性挠度不得大于相应结构跨度的1/2000，且不得超过50mm；拱式拱架弹性挠度不得大于相应结构跨度的1/1000，且不得超过100mm，拱架抗倾覆稳定系数不得小于1.5，并在使用前应预压。"第8.12.3条规定："混凝土拱肋、横撑、斜撑施工应在拱肋、横撑、斜撑混凝土强度达到100%后，按设计要求的顺序拆除支架。”

大跨径拱桥主要指多跨或跨径大于40m的石拱桥，跨径大于或等于150m的钢筋混凝土拱桥，跨径大于或等于350m的钢箱拱桥，钢桁架、钢管混凝土拱桥。大跨径拱桥的施工应进行过程控制，使拱的轴线、内力等满足设计的要求，关键工序的施工应尽量避开可能发生的灾害天气，并应在施工中采取必要的预防措施保证结构安全。

典型案例——

事故简要情况：2007年8月13日16时45分左右，湖南省凤凰县正在建设的堤溪沱江大桥发生特别重大坍塌事故，造成64人死亡，4人重伤，18人轻伤，直接经济损失3974.7万元。大桥全长328.45m，桥面宽度13m，设3%纵坡，桥型为4孔65m跨径等截面悬链线空腹式无铰拱桥。大桥桥墩高33m，且为连拱石拱桥。事故发生时，大桥腹拱圈、侧墙的砌筑及拱上填料已基本完工，拆架工作接近尾声。

事故主要原因：主拱圈砌筑材料未达到规范和设计要求，上部构造施工工序不合理，主拱圈砌筑质量差，拱圈砌体的整体性和强度降低。随着拱上施工荷载的不断增加，造成1号孔主拱圈最薄弱部位强度达到破坏极限而坍塌，受连拱效应影响，整个大桥迅速坍塌。

11.2.8　拱架浇(砌)筑拱圈应按照JTG F90的相关要求，对拱架进行专项设计，施工前应进行预压。

【解读】　本条是关于浇(砌)筑拱圈前拱架有关安全要求的规定，依据《公路工程施工安全技术规范》(JTG F90—2015)第8.12.2条规定制定。

《公路工程施工安全技术规范》(JTG F90—2015)第8.12.2条规定：“拱架及模板应进行专项设计，强度、刚度和稳定性应满足最不利工程工况要求。落地式拱架弹性挠度不得大于相应结构跨度的1/2000，且不得超过50mm；拱式拱架弹性挠度不得大于相应结构跨度的1/1000，且不得超过100mm，拱架抗倾覆稳定系数不得小于1.5，并在使用前应预压。”

拱架应根据结构形式、设计跨径、施工组织设计、荷载大小、地基土类别等进行专项设计，施工前通过预压检查拱架的安全性，预压荷载应满足相关规范要求，确保施工安全。

事故案例——

事故简要情况:2005年12月14日,某拱桥在主拱拱圈施工过程中整体坍塌,该桥桥长70.68m,拱高20.82m,桥上部结构为单拱,跨径40m,下部结构为明挖扩大基础,此次事故造成6人死亡。

事故主要原因:拱架未按规定设计计算、拱架稳定性差,拱架立柱基础未按有关规定安装,模板及木脚手架支撑体系搭设存在重大安全隐患。

11.2.9 采用少支架或无支架施工修建拱桥时,应按设计和施工方法选定适宜的吊装机具设备。作业中应监控塔架、缆(索)、动力装置、锚固系统等工作状态以及通信、指挥系统的通畅性能。

【解读】 本条是关于采用少支架或无支架施工修建拱桥时有关安全要求的规定,依据《公路工程施工安全技术规范》(JTG F90—2015)第8.12.5条、第8.12.6条规定制定。

《公路工程施工安全技术规范》(JTG F90—2015)第8.12.5条规定:“斜拉扣挂法悬拼拱肋施工,扣塔架设及扣锚索张拉应搭设操作平台及张拉平台;扣塔上应设缆风索,缆风索安全系数应大于2。”第8.12.6条规定:“拱上吊机抗倾覆稳定性应满足最不利工况要求;过程中扣索、锚索施工应满足相关规定;拱上吊机前行到位后,前支后锚应牢固;非工作状态时应收拢吊钩,臂杆应与钢梁固定;吊机纵、横移轨道上应配备止轮器。”

缆索吊装系统一般为非定型产品且无统一模式,而现行的国家标准和行业标准中均无专门的较为全面的缆索吊装的施工规范,采用少支架方法施工,以支架代替了扣索,使拱肋在吊装过程中的稳定性和安全性得到提高,一般在能方便搭设支架的情况下会采用此法进行施工。

事故案例——

事故简要情况:2014年5月3日13时20分,某拱桥发生重大坍塌事故,造成11人死亡、16人受伤,直接经济损失1015.6万元。据悉,该拱桥桥梁横跨度20多米,按大小拱的施工方案,并实行上砌下顶的建造方式。该桥未经专业设计,立拱时承重、支撑对比不一,山体斜坡作业侧压过重。

事故主要原因：由于桥梁施工拱架的地基基础处理、拱架搭设结构形式和立柱连接接头方式不满足规范要求，拱圈砌筑施工不平衡，施工工序不合理，随着拱上荷载的不断增加，使得拱架失稳，造成整个桥梁迅速坍塌。

11.2.10 桥梁索塔及横梁施工应设置环绕塔身的封闭作业系统，索塔施工范围内应配备消防器材，建立区域通信联络系统。

【解读】 本条是关于桥梁索塔及横梁施工有关安全要求的规定，依据《公路工程施工安全技术规范》(JTG F90—2015)第8.13.1条规定制定。

> 《公路工程施工安全技术规范》(JTG F90—2015)第8.13.1条规定："索塔施工作业应在劲性骨架、模板、塔吊等构筑物顶部设置有效的避雷设施，并应定期检测防雷接地电阻；索塔、横梁等悬空作业，应形成绕索塔塔身封闭的高空作业系统，每层施工面应设置安全平网和立网，立网高度不得小于1.5m，平网应随施工高度提升，网格、网距、受力等应符合要求；索塔施工应设警戒区，通往索塔人行通道的顶部应设防护棚；索塔上部、下部、塔腔内部等通讯联络应畅通有效；在横梁、塔身合龙段内部空心段拼装、拆除模板时，应配备消防器材和照明设施，必要时应采取通风措施；索塔施工平台四周及塔腔内部应按要求配备消防器材。"

索塔施工过程根据结构特点、施工环境和设备能力等，一般情况下考虑到索塔内部以及斜拉索均采用不易燃的材料，当前的斜拉索桥梁结构中并没有安装消防设施。但是索塔与斜拉索由于结构及材质问题容易遭受火灾侵蚀，一旦失火，高温将造成斜拉索锚具变形、夹片失效，从而索体滑脱，造成桥毁人亡的惨剧。因此，有必要在斜拉索桥梁上增加消防设施，在索塔范围内配备消防器材，建立自动喷淋的水箱，建立区域通信联络系统。

典型案例——

事故简要情况：2014年10月29日，某高速公路大桥19a标6号桥墩左幅塔顶上焊割作业时失火，导致大桥9根斜拉索断裂，断索侧桥面下沉，大桥受损，直接经济损失1058.57万元。

事故主要原因：该项目的应急管理和消防安全管理不到位，施工现场消防器材配置不足，消防器材放置位置标识不明，不便于及时取用，是造成该事故的原因之一。

11.2.11 桥梁缆(索)安装应根据塔高、缆(索)长度、起重设备性能等综合因素选择架设方法。缆(索)作业前应对施工平台、张拉机具及塔顶卷扬机等设施设备的吊点、连接处进行检查。

【解读】 本条规定了桥梁缆(索)施工的相关要求,依据《公路工程施工安全技术规范》(JTG F90—2015)第8.13.5条和《公路桥涵施工技术规范》(JTG/T 3650—2020)第20.4.2条、第20.4.3条规定制定。

《公路工程施工安全技术规范》(JTG F90—2015)第8.13.5条规定:"在船上放置索盘架,应保持放索船平衡,索盘架底部与船体甲板应焊牢,索盘架的4个承重点应置于船体骨架上,索架应焊斜支撑;斜拉索展开时,索头小车应保持平衡,操作人员与索体距离不得小于1m;塔端挂索施工平台应搭设牢固,作业平台关键部位焊接应牢固,平台四周及人员上下平台的通道应设置防护栏杆,护栏外侧应满挂安全网,人员上下通道跳板应满铺;塔内脚手架应稳定可靠,操作平台应封闭,操作平台底应挂安全网,作业人员不得向索孔外扔物品;塔腔内应设人员疏散安全通道;塔腔内照明应采用安全电压,并应配备消防器材。塔腔内不得存放易燃易爆物品;塔端挂索前,应检查塔顶卷扬机、导向轮钢丝绳及卷扬机与塔顶平台的连接焊缝;挂索前,应检查塔腔内撑脚千斤顶、手拉葫芦及千斤顶的吊点情况;挂索或桥面压索前,应检查张拉机具。连接丝杆与斜拉索应顺直,夹板应无变形,焊缝应无裂纹,螺栓应无损伤;梁端移动挂索平台应搭设牢固,滑车及轨道应保持完好;塔腔内放软牵引索应同步,安装工具夹片应及时;千斤顶、油泵等机具及测力设备应校验。张拉杆的安全系数应大于2,每挂5对索应用探伤仪检查一次张拉杆,不得使用有裂纹、疲劳及变形的张拉杆。"

《公路桥涵施工技术规范》(JTG/T 3650—2020)第20.4.2条规定:"拉索在安装施工前,应按设计要求及拉索结构的不同制订相应的专项施工方案和施工工艺。安装前尚应全面检查预埋拉索导管的位置是否准确,发现问题应及时采取措施予以处理,同时应将导管内可能有的杂物清理干净。"第20.4.3条规定:"拉索的安装施工应按设计和施工控制的要求进行,在安装和张拉拉索时应采用专门设计制作的施工平台及其他辅助设施进行操作,保证施工安全。张拉拉索用的千斤顶、油泵等机具及测力设备应按本规范第7章的要求进行配套校验;为施工配备的张拉机具,其能力应大于最大拉索所需要的张拉力。"

拉索架设前应根据索塔高度、拉索类型、拉索长度、拉索自重、安装拉索时的牵引力,以及施工现场状况等综合因素选择适宜的拉索安装方法和设备。塔端挂索前,应检查塔顶卷扬机、导向轮钢丝绳及卷扬机与塔顶平台的连接焊缝。挂索或桥面压索前,应检查张拉机具。连接丝杆与斜拉索应顺直,夹板应无变形,焊缝应无裂纹,螺栓应无损伤。

11.2.12 悬索桥施工应对桥梁的线形、应力、索力等进行实时监控,确保桥梁结构在施工中应力、变形与稳定状态在设计计算允许范围内。

【解读】 本条规定了悬索桥施工的相关要求,依据《公路桥涵施工技术规范》(JTG/T 3650—2020)第21.1.3条和《建筑与桥梁结构监测技术规范》(GB 50982—2014)附录第B.0.4条规定制定。

《公路桥涵施工技术规范》(JTG/T 3650—2020)第21.1.3条规定:“悬索桥施工应进行施工过程控制,并应使成桥线形和内力符合设计的要求。”

《建筑与桥梁结构监测技术规范》(GB 50982—2014)附录第B.0.4条规定:“荷载监测项目可包括风荷载、温湿度、地震动及船撞响应、动态交通荷载,结构响应监测项目可包括主缆变形、主梁水平位移、结构动力特性、关键截面应力、疲劳应力、缆索索力及吊索索力;结构空间变形监测应选用合适的监测设备,主缆变形监测宜采用GPS法,索塔塔顶变形监测宜采用倾斜仪监测或GPS法,跨度大于600m的悬索桥宜在主梁跨中采用GPS法监测整个截面竖向、横向、纵向及扭转位移,挠度可利用连通管原理采用静力水准仪或液压传感器进行监测,双向6车道及以上的悬索桥应进行主梁扭转监测,主梁端部纵向位移可采用拉绳式位移计进行监测;主缆索力可采用压力传感器或磁通量传感器进行监测,传感器应在安装前进行校准,并在施工期间完成安装;代表性吊索、吊杆力可采用振动传感器或磁通量传感器进行监测。”

悬索桥施工对桥梁的线形、应力、索力等进行实时监控,是为了保证悬索桥施工过程中的结构安全,确保完成的结构不论是内力或线形都满足设计的要求。由于悬索桥施工阶段,其线形和应力随结构体系和荷载工况不断变化,受各种因素影响,实际施工过程中的每一状态与设计状态不可能完全一致。只有在施工过程中通过监测并实施有效控制,才能确保结构的可靠性。

典型案例——

事故简要情况:2001年11月7日凌晨4时,某公路大桥发生悬索及桥面断裂事故,桥两端同时塌陷,一辆公交大客车和一辆出租车掉入长江,造成2人死亡2人受伤，并造成交通及市外通信中断。

事故主要原因：连接拱体和桥面预制板的4对8根钢缆吊杆断裂，北端长约10m、南端长约20m的桥面预制板发生坍塌。两边的断裂处都是在主桥与引桥的结合点，恰恰也是吊桥动态与静态的结合点。因受力不均，一边垮塌后，使桥面的支撑力发生波浪形摆动，造成另一边也垮塌。

11.2.13　悬索桥猫道应专门设计，其强度、刚度和抗风稳定性应符合要求。猫道架设与拆除应满足JTG F90的相关要求。

【解读】　本条是关于悬索桥猫道在设计、架设、拆除施工过程中基本要求的规定，依据《公路工程施工安全技术规范》（JTG F90—2015）第8.14.6条规定制定。

《公路工程施工安全技术规范》（JTG F90—2015）第8.14.6条规定："猫道应根据悬索桥的跨径、主缆线形、施工环境条件等因素进行专门设计，其结构形式和各部尺寸应满足主缆工程施工的需要。猫道的线形宜与主缆空载时的线形平行。猫道面层宜由阻风面积小的两层大、小方格钢丝网组成，面层顶部与主缆下沿的净距宜为1.3～1.5m；猫道的净宽宜为3～4m，扶手高宜为1.2～1.5m。猫道在桥纵向应左右对称于主缆中心线布置，猫道间宜设置横向人行通道。猫道的强度、刚度和抗风稳定性应符合要求；猫道承重索计算时，其荷载组合与安全系数应符合JTG F90—2015的规定。承重索的锚固系统每端宜设大于2m的调整长度。猫道锚固系统及其他各种预埋件应满足设计受力要求，拉杆应按照设计要求调整，拉杆加工制作单位应按规定具备相关资质，拉杆制作完成后应做探伤和抗拉试验。"

猫道是悬索桥施工时架设在主缆之下、平行于主缆的线形临时施工便道，它是施工人员进行施工作业的高空脚手架，是主缆系统乃至悬索桥整个上部结构的施工平台。猫道应遵循构造简洁、施工方便、安全可靠、经济合理的原则。猫道面的线形应平行于主缆空载线形，并保持一定的间距；尽量减轻自重、减少受风面积；具有操作安全可靠，并能满足索股牵引、主缆箍紧等机械作业所需的工作面和净空，以及强度和刚度的要求；要求安装和拆卸方便快捷，选材经济且利于防火。此外，猫道不能对塔、锚碇和主缆产生附加的影响。猫道应做专门设计，确保安全。

典型案例——

事故简要情况:2012 年 2 月 14 日上午 8 时 30 分左右,某公路大桥南桥墩在拆除猫道施工中,3 名工人从约 50m 的高处坠落,经医院抢救无效死亡。

事故主要原因:拆除猫道施工中,猫道偏转倾斜造成在猫道上作业的工人坠落。

11.2.14　桥梁拆除作业应按专项施工方案要求的顺序进行,不应立体交叉作业。拆除施工现场应划定警戒区,设置安全警示标志。采用爆破拆除时,应在倒塌范围铺设缓冲材料或开挖防震沟。

【解读】　本条依据《公路工程施工安全技术规范》(JTG F90—2015)第 11.2.2 条～第 11.2.11 条规定制定。

《公路工程施工安全技术规范》(JTG F90—2015)第 11.2.2 条规定:"当拆除工程对周围相邻建筑安全可能产生危险时,应采取相应保护措施。"第 11.2.3 条规定:"拆除现场应设置围挡、警示标志,非作业人员不得进入拆除现场。"第 11.2.4 条规定:"拆除旧桥、旧涵时,在旧桥的两端应设置禁止通行的路障及标志,夜间应悬挂警示灯。"第 11.2.5 条规定:"拆除施工中的高处作业不得同时上下交叉进行,高处作业人员不得沿立杆或栏杆攀登,高处作业人员应定期进行体检,高处作业场所的孔、洞应设置防护设施及警示标志等。"第 11.2.6 条规定:"拆除施工中的起重作业安装拆卸工应按照有关规定经专业机构培训,并应取得相应的从业资格,起重作业人员应穿防滑鞋、戴安全帽,高处作业时应按规定佩挂安全带,吊装作业应设警戒区,警戒区不得小于起吊物坠落影响范围,作业前应检查起重设备安全装置、钢丝绳、滑轮、吊索、卡环、地锚等。"第 11.2.7 条规定:"拆除施工中的爆破作业单位实施爆破项目前,应按规定办理审批手续,批准后方可实施爆破作业,经审批的爆破作业项目,爆破作业单位应于施工前 3d 发布公告,并在作业地点张贴,施工公告内容应包括:工程名称、建设单位、设计施工单位、安全评估单位、安全监理单位、工程负责人及联系方式、爆破作业时限等。"第 11.2.8 条规定:"拆除施工作业人员和机具应处于稳固位置,必须进行临时悬吊作业时,应系好悬吊绳和安全绳,悬吊绳和安全绳应分别锚固,锚固位置应牢固。"第 11.2.9 条规定:"拆除梁或悬臂构件应采取防坠落、防坍塌措施。"第 11.2.10 条规定:"定向拆除墩、柱时,应采取控制倒塌方向的措施。"第 11.2.11 条规定:"拆除的材料应及时清理、分类放置,不得随意抛掷。”

当拆除工程对周围相邻建筑安全可能产生危险时,应采取相应保护措施。拆除现场应设置围挡、警示标志,非作业人员不得进入拆除现场。拆除旧桥、旧涵时,在旧桥的两端应设置禁止通行的路障及标志,夜间应悬挂警示灯。拆除施工作业人员和机具应处于稳固位置。必须进行临时悬吊作业时,应系好悬吊绳和安全绳。悬吊绳和安全绳应分别锚固,锚固位置应牢固。拆除梁或悬臂构件应采取防坠落、防坍塌措施。定向拆除墩、柱时,应采取控制倒塌方向的措施。拆除的材料应及时清理、分类放置,不得随意抛掷。

典型案例——

事故简要情况:1997 年 10 月 7 日,某大桥在主体工程基本完成以后,开始进行南引桥下部板梁支架的拆除工作。施工过程中,该项目部安排杨某上支架拆除万能杆件,杨某在用割枪割断连接弦杆的钢筋后,就用左手往下推被割断的一根弦杆,弦杆在下落的过程中,其上端的焊刺将杨某的左手套挂住,杨某被下坠的弦杆拉扯着从 18m 的高处坠落,头部着地,当场死亡。

事故主要原因:进行高处拆除作业前,没有编制支架拆除专项施工方案,也未对作业人员进行安全技术交底,工人施工过程中未采取任何安全技术措施。

11.3 隧道工程

11.3.1 隧道施工掘进前应开展超前地质预报和监控量测工作,并纳入施工工序进行管理。

【解读】 本条规定了隧道施工超前地质预报和监控量测内容,依据《公路工程施工安全技术规范》(JTG F90—2015)第 9.1.15 条规定制定。

《公路工程施工安全技术规范》(JTG F90—2015)第 9.1.15 条规定:“超前地质预报和监测方案应作为必要工序统一纳入施工组织管理。”

地质条件复杂的隧道应制订超前地质预报方案。隧道长度大于或等于 1000m 时,应进行超前地质预报工作;地质条件复杂的隧道长度小于 1000m 时,宜进行超前地质预报工作。隧道超前地质预报可采用地质调查与勘探相结合、物探与钻探相结合、长距离与短距离相结合、地面与地下相结合、超前导坑与主洞探测相结合的方法,并对各种方法的预报结果加以综合分析、相互验证,提高预报准确性。在既有隧道附近改建及增建隧道,应在充分利用既有隧道工程地质资料及施工地质资料的基础上,结合改建及增建隧道与既有隧道的空间关系,按照新建隧道的要求做好超前地质预报工作。隧道支护衬砌设计应注意体现动态设计与信息化施工。在隧道设计过程中均应制订监控量测方案,在隧道施工过程中应进行监控量测。

典型案例1——

事故简要情况:2010年1月19日,某铁路隧道涌沙坍方段埋深21m(属浅埋),地质为向斜构造全风化花岗岩,呈砂状,开挖扰动后呈流塑状,地表为水田和常年流水沟。进口开挖到398m处,掌子面施作超前小导管时,突然发生涌沙坍方,涌沙量约800m³,随后地面出现陷,坑直径约35m。

事故主要原因:施工单位未按要求进行超前地质预报工作,未采取相应的超前加固和支护措施。

典型案例2——

事故简要情况:2022年1月31日,某公路隧道在修建过程中发生断面塌方,导致6名工人不幸死亡。事故当天下午15:00时左右,6名工人在隧道内进行掌子面处的支护工作时遇掌子面塌方,因无法及时逃出隧道死亡。

事故主要原因:施工单位没有根据隧道进度对地质情况进行动态管理,对《隧道超前地质预报方案》审核把关不严。

11.3.2　隧道洞口边、仰坡应按设计要求及时完成加固防护与截、排水系统设置。

【解读】　本条规定了隧道洞口加固及防排水处理有关要求,依据《公路隧道施工技术规范》(JTG/T 3660—2020)第11.2.1条规定制定。

《公路隧道施工技术规范》(JTG/T 3660—2020)第11.2.1条规定:"隧道洞口、辅助坑道洞口、斜(竖)井洞口进洞开挖前应做好排水系统,完善排水设施,边坡、仰坡坡顶的截水沟出水口应接入周边排水沟渠;洞外路堑向隧道内为下坡时,路堑边沟应做成反坡,不应将洞外水排入洞内;洞顶排水沟应与洞门结构同时完成。"

隧道洞口边坡、仰坡坡顶的截水沟应结合永久排水系统在洞口开挖前修建,其出水口应防止水顺坡面漫流,洞顶截水沟应与路基边沟顺接组成排水系统,应防止水流冲刷弃渣危害农田和水利设施。洞外路堑向隧道内为下坡时,路基边沟应做成反坡,向路堑外排水。多雨地区,应做好防止洞口仰坡范围内地表水下渗和冲刷的防护措施。截水沟一般修建在洞口开挖线5m以外的水沟,拦截仰坡以上的坡面汇水,是为防止边坡、仰坡遭受雨水汇集水流的冲刷危害。路堑边沟做成反坡是为防止地表水灌入隧道内。

典型案例——

事故简要情况:2006年8月,某高速公路隧道右线隧道开始洞口开挖施工,开挖至设计进洞位置时,地层与设计不符,右侧覆盖层较薄,且处于残坡积层中,不能满足设计进洞要求,项目部及时提出变更设计。经设计、业主和监理单位现场勘查,同意变更设计。加长明洞10m,边仰坡支护措施按原设计。9月开始隧道上台阶进洞施工,在下台阶开挖施工时,左侧边坡发生了小范围的失稳现象,项目部采取了增设长锚杆的加固措施。洞口段开挖时,只对洞口2m处边坡坡脚按设计要求开挖,其余明洞段坡脚暂时没有开挖,隧道下台阶正常进洞施工。

2007年3月,洞口明洞段仰拱及左侧边墙基础开挖切断岩层基础,破坏边坡稳定性,在3月底发生了边坡坍塌。滑坍体堵塞隧道部分洞口,影响隧道施工。在4月上旬,由于降雨影响,左侧仰坡发生了大面积滑塌,滑塌土石方堵塞洞门,隧道停止施工。

事故主要原因:洞口段在开挖后没有按顺层刷坡,也没有加强边仰坡支护,按原设计的坡率和支护方式施工边仰坡防护,支护效果不能满足现场实际,影响边仰坡稳定。洞口段17m明洞左侧边坡脚明洞边墙基础开挖时没有采取跳段开挖,17m长一次全部开挖,导致左侧岩层坡脚全部切断,上部岩层在失去下部支撑的情况下大面积下滑坍塌。

11.3.3 隧道施工应建立洞内外通信联络系统,并设置门禁系统、视频监控系统和人员识别定位系统与逃生通道。

【解读】 本条规定了隧道施工过程中通信联络的有关要求,依据《公路工程施工安全技术规范》(JTG F90—2015)第9.1.5条规定制定。

《公路工程施工安全技术规范》(JTG F90—2015)第9.1.5条规定:"隧道洞口应设专人负责进出人员登记及材料、设备与爆破器材进出隧道记录和安全监控等工作。隧道施工应建立洞内外通信联络系统。长、特长及高风险隧道施工应设置稳定可靠的视频监控系统、门禁系统和人员识别定位系统与逃生通道。”

隧道洞内是一个特殊而又恶劣的环境，无线电信号传输衰减大、北斗信号不能覆盖隧道。建立洞内外通信联系系统，主要便于人员管理、施工信息沟通、应急救援等方面工作，在洞口设置门禁可以适时掌握洞内作业人员信息，视频监控系统可以适时监控洞内施工状况，人员定位为应急救援提供精准定位。

典型案例——

事故简要情况：2018年1月25日，某轨道交通线路左线盾构机带压开仓动火作业时，焊机电缆线短路引起火灾，3名仓内作业人员失联，施救过程中土仓压力急速下降，掌子面土体失稳，突发坍塌。事故造成3人死亡，直接经济损失1008.98万元。

事故主要原因：人闸主仓视频监控存在故障，未及时发现火灾苗头，人闸主仓、副仓无烟感温感消防监控系统，仓内人员缺乏消防安全与应急防护装备，无法实施有效自救，仓外作业人员极速泄压使盾泥泥膜失效，掌子面失稳坍塌将作业工人埋压。

11.3.4 隧道施工通风、照明、消防设施应满足施工作业要求，洞内有毒有害气体和粉尘浓度不应超标。

【解读】 本条规定了隧道施工通风、照明、消防设施等相关要求，依据《公路工程施工安全技术规范》(JTG F90—2015)第9.9.1条、第9.9.2条规定制定。

《公路工程施工安全技术规范》(JTG F90—2015)第9.9.1条规定：“隧道施工独头掘进长度超过150m时应采用机械通风，通风方式应根据隧道长度、断面大小、施工方法、设备条件等确定，主风流的风量不能满足隧道掘进要求时，应设置局部通风系统；隧道施工通风应纳入工序管理，由专人负责；隧道施工通风应能提供洞内各项作业所需要的最小风量，风速不得大于6m/s，每人供应新鲜空气不得小于$3m^3/min$，内燃机械作业供风量不宜小于$4.5m^3/(min·kW)$，全断面开挖时风速不得小于0.15m/s，导洞内不得小于0.25m/s；长及特长隧道施工应配备备用通风机和备用电源；通风机应装有保险装置，发生故障时应自动停机；通风管沿线应每50～100m设立警示标志或色灯；通风管安装作业台架应稳定牢固，并应经验收合格；主风机间歇时，受影响的工作面应停止工作。”第9.9.2条规定:“隧道施工独头掘进长度超过150m时应采用机械通风;通风方式应根据隧道长度、断面大小、施工方法、设备条件等确定,主风流的风量不能满足隧道掘进要求时,应设置局部通风系统。作业过程中,空气中的氧气含量不得低于9.5%;不得用纯氧通风换气。空气中的一氧化碳(CO)、二氧化碳(CO_2)、氮氧化物(NO_x)等有害气体浓度不得超过国家有关规定。隧道施工应采取综合防尘措施,并应配备专用检测设备及仪器。隧道内存在矽尘的作业场作,每月应至少取样分析空气成分一次、测定粉尘浓度一次。”

隧道施工属于半封闭空间,爆破、开挖施工过程中,会产生大量粉尘,爆破烟尘、设备排放的废气中含有一氧化碳、二氧化碳、氮氧化物等有害气体。当前,职业健康防护与洞内文明施工程度有待提高。为保障作业人员职业健康安全,需要采取通风、除尘等措施,确保粉尘和有害气体浓度达标;此外,隧道焊接防水板施工时,容易发生火灾事故,也需要配置足够的消防设施。

典型案例——

事故简要情况:2015年2月24日,某公路隧道工程发生一起瓦斯爆炸事故,造成7人死亡、19人受伤,直接经济损失1620余万元。该隧道穿越龙泉山脉的浅层天然气富集区,为高瓦斯隧道,隧道长2915m,设计坡度2.5%,最大埋深152m。采取左右洞同时掘进方式施工,隧道内间隔300m设有联络通道。截至2015年2月13日春节放假停工前,左右洞分别掘进900m和895m。

事故主要原因:该隧道春节放假期间停工停风,隧道内瓦斯大量积聚,并达到爆炸极限;2月24日,施工单位4名运渣车驾驶员违反安全操作规程,翻越栅栏进入未通风的隧道内检修车辆,产生火花引爆了隧道内瓦斯,导致事故发生。

11.3.5　洞身开挖施工应结合超前地质预报和监控量测结果及时调整开挖循环进尺,开挖安全步距应按经审核后的专项施工方案控制。

【解读】　本条规定了隧道洞身开挖相关要求,依据《公路隧道施工技术规范》(JTG/T 3660—2020)第7.1.2条、《交通运输部办公厅关于开展“坚守公路水运工程质量安全红线”专项行动的通知》规定制定。

《公路隧道施工技术规范》(JTG/T 3660—2020)第7.1.2条规定:“洞身

开挖前应核实掌子面地质情况,结合超前地质预报结果,根据地质变化情况及时调整开挖方法和支护参数,并做好各工序的衔接。”

《交通运输部办公厅关于开展“坚守公路水运工程质量安全红线”专项行动的通知》规定:“隧道洞口边、仰坡未按设计及时进行加固、防护,未及时施作截、排水系统;隧道开挖安全步距未按经审核的专项施工方案控制;拱架施工锁脚锚杆未按设计实施,拱脚脱空或支垫不牢固。”

洞身开挖应根据隧道长度、跨度、结构形式、掌子面稳定性、地质条件和超前地质预报及监控量测结果等选择适宜的开挖方法,并应根据开挖方法选择配套的机械设备。

超前地质预报和监控量测是隧道工程施工中必要工序。隧道施工开挖要高度重视过程监测,应根据监测结果适时调整,并根据开挖方法、断面大小、地质条件等因素确定合理的循环进尺。

典型案例——

事故简要情况:2014 年 7 月 14 日,某铁路隧道(一号横洞工点)正洞进口方向掌子面,在上、下台阶正准备进行作业时,掌子面后方右侧拱腰及边墙突然坍塌,塌方体将洞身断面全部堵死,造成 1 人死亡。

事故主要原因:该项目超前地质预报和监控量测不到位,洞身开挖施工未结合超前地质预报和监控量测结果及时调整开挖循环进尺,施工步距超标。此外,施工期间现场安全巡查未能及时发现支护变形迹象。

11.3.6 隧道初支应及时施作并封闭成环,拱架施工锁脚锚杆应按设计要求实施,拱脚不应脱空,不应有积水浸泡,支垫应安装牢固。

【解读】 本条规定了隧道初支施工相关要求,依据《公路隧道施工技术规范》(JTG/T 3660—2020)第 9.1.4 条和《交通运输部办公厅关于开展“坚守公路水运工程质量安全红线”专项行动的通知》规定制定。

《公路隧道施工技术规范》(JTG/T 3660—2020)第 9.1.4 条规定:“隧道衬砌施工应结合超前地质预报和现场监控量测结果,与设计配合对支护结构和开挖、支护方式进行合理调整。”

《交通运输部办公厅关于开展“坚守公路水运工程质量安全红线”专项行动的通知》规定:“隧道洞口边、仰坡未按设计及时进行加固、防护,未及时施作截、排水系统;隧道开挖安全步距未按经审核的专项施工方案控制;拱架施工锁脚锚杆未按设计实施,拱脚脱空或支垫不牢固;锚杆未按规范和设计要求施工,导致存在重大质量安全隐患。”

隧道初支封闭成环,有利形成稳定结构。由于施工过程控制不严格,拱架施工中存在锁脚锚杆不按要求设置、拱脚脱空、积水浸泡等问题,造成初支效果变差,严重的会引发隧道坍塌事故。仰拱初期支护要求在隧道仰拱开挖后及时施工完成,与拱墙要求相同。

典型案例——

事故简要情况:2014 年,某隧道右洞近 YK31 +000 处的掌子面拱顶发生坍塌,造成施工现场劳务分包单位 6 死 2 伤。坍塌位置属马鞍型地貌,地质比较复杂属于褶皱区、应力较为集中。

事故主要原因:项目所在地遭遇 50 年一遇的特大降水,此前持续降雨导致山体饱水、自重变大,对隧道支护体压力增强。发生坍塌处的墙脚开挖及初衬施工时,由于锁脚锚杆未按规定施工,导致墙脚悬空、拱顶初衬支撑体系无法受力,且二衬、仰拱、上台阶及掌子面之间的距离没有严格按照设计要求实施。

11.3.7 富水软弱破碎围岩隧道施工中应开展隧道围岩和支护结构变形、地下水变化的监测,依据监测结论合理控制开挖循环进尺。

【解读】 本条规定了富水软弱围岩隧道施工相关要求,依据《公路隧道施工技术规范》(JTG/T 3660—2020)第 16.2.1 条、第 16.2.2 条和《公路工程施工安全技术规范》(JTG F90—2015)第 9.11.1 条规定制定。

《公路隧道施工技术规范》(JTG/T 3660—2020)第 16.2.1 条规定:“富水软弱破碎围岩隧道施工前,应采用超前探测手段,了解前方的地质、地下水情况,对围岩稳定进行分析判断,经过技术、经济、环境保护等指标的对比后,选择排水与堵水措施,确定处理和开挖方案。”第 16.2.2 条规定:“富水软弱破碎围岩隧道施工宜选用超前注浆加固、超前小导管、超前大管棚等辅助工程措施。”

《公路工程施工安全技术规范》(JTG F90—2015)第 9.11.1 条规定:“富水软弱破碎围岩隧道施工过程应加强对隧道围岩和支护结构变形、地下水变化的监测,并应依据监测结论动态调整设计和施工参数;应严格控制开挖循环进尺,初期支护应及时施作;应遵循‘防、排、堵、截’相结合的原则治水;施工中出现浑水、突水突泥、顶钻、高压喷水、出水量突然增大、坍塌等突发性异常情况应立即停止施工、分析异常原因,并应妥善处理。”

典型案例——

事故简要情况:2021年7月15日,某隧道施工段发生透水事故,该隧道施工作业面位于某水库下方。在右洞施工过程中,施工人员正准备组织初期支护施工,值班人员听到异响后发现掌子面落渣,迅速组织施工人员疏散撤出隧道。随后,大量水涌入右线隧道,并通过横通道涌入左线隧道,反向进水后导致左线隧道内14人被困于掌子面(距洞口1160m处),事故共造成14人死亡。

事故主要原因:隧道下穿某水库时遭遇富水花岗岩风化深槽,因工程措施不当导致右线隧道掌子面拱顶坍塌透水,涌入左线隧道致作业人员溺亡。同时,施工单位未有效开展隧道围岩和支护结构变形、地下水变化的监测,未及时发现现场异常情况,导致现场人员撤离不及时。

11.3.8　瓦斯隧道应采用防爆电器和设备、煤矿许用炸药和雷管,并实施瓦斯监测预警与动火作业管理,通风应符合JTG F90和专项施工方案的要求。

【解读】　本条规定了瓦斯隧道防爆作业相关设备、管理以及通风等相关要求,依据《公路工程施工安全技术规范》(JTG F90—2015)第9.11.8条、第9.11.10条规定制定。

《公路工程施工安全技术规范》(JTG F90—2015)第9.11.8条规定:“施工前应编制专项施工方案、超前地质预报方案、通风设计方案、瓦斯监测方案、应急预案、作业要点手册等;应建立专门机构,并设专人做好瓦斯检测、记录和报告工作,瓦斯监测员应按照相关规定经专业机构培训,并应取得相应的从业资格;各作业面应配备瓦检仪,高瓦斯工点和瓦斯突出地段应配置高浓度瓦检仪和自动检测报警断电装置,瓦斯隧道人员聚集处应设置瓦斯自动报警仪;瓦斯检测应至少选择瓦斯压力法、综合指标法、钻屑指标法、钻孔瓦斯涌出初速度法、‘R值指标法’中的两种方法,并应相互验证;瓦斯含量低于0.5%时,应每0.5~1h检测一次;瓦斯含量高于0.5%时,应随时检测,发现问题立刻报告。煤与瓦斯突出较大、变化异常时应加大检测频率;进入隧道施工前,应检测开挖面及附近20m范围内、断面变化处、导坑上部、衬砌与未衬砌交界处上部、衬砌台车内部、拱部塌穴等易积聚瓦斯部位、机电设备及开关附近20m范围内、岩石裂隙、溶洞、采空区、通风不良地段等部位的瓦斯浓度;通风设施应保持良好状态,并应配置一套备用通风装置,各工作面应独立通风;风筒、风道、风门、风墙等设施应保持封闭,施工中应设专人维修和保养,不得频繁开启风门;应配置两套电源供电,并应采用双电源线路,电源线不得分接隧道以外任何负荷;应按规定设置灭火器、消防水池、消防沙等消防设施;应采用湿式钻孔开挖,装药前、放炮前和放炮后,爆破工、班组长和瓦斯检测员应现场检查瓦斯浓度并参加爆破全过程;爆破作业应使用煤矿许用炸药和煤矿许用瞬发电雷管或煤矿许用毫秒延期电雷管,并应使用防爆型发爆器起爆;爆破母线应成短路状态,并包覆绝缘层;炮孔应使用炮泥填堵,填料应采用黏土或不燃性材料;起爆网络应由工作面向起爆站依次连接;揭煤地段施工宜采用微振动控制爆破掘进,并应根据煤层产状、厚度范围选定石门揭煤方法,爆破后应及时喷锚支护、封闭瓦斯,仰拱、二衬应及时施工,衬砌背后应及时压浆填充空隙;铲装石渣前应浇湿石渣;开挖完成后应及时喷锚支护、封闭围岩、堵塞岩面缝隙。”第9.11.10条规定:“瓦斯隧道严禁两个作业面之间串联通风。洞口20m范围内严禁明火。严禁使用黑火药或冻结、半冻结的硝化甘油类炸药,同一工作面不得使用两种不同品种的炸药。”

瓦斯是从煤和围岩中逸出的二氧化碳、甲烷和氮等组成的混合气体,在隧道开挖穿过含瓦斯地层时会释放出来,对隧道施工产生严重危害。当隧道内空气中瓦斯含量为5% ~16%时,遇火会引起爆炸;当隧道内空气中瓦斯浓度超过50%时,能使人因缺氧而窒息死亡。然而,瓦斯是无色、无味气体,不易被施工作业人员察觉。因此,在隧道施工中一方面应实施监测预警管理,并确保通风设施设备运转良好,另一方面则应采用防爆电器和设备,防止工作时产生火花引爆瓦斯。

典型案例——

事故简要情况:2005年12月22日,某高速公路隧道工程发生重大瓦斯爆炸事故,造成44人死亡,11人受伤,直接经济损失2035万元。该隧道左线全长4090m,右线全长4060m,事故发生时右线隧道完成开挖1487m、衬砌1419m。

事故主要原因:通风管理不善,右洞掌子面拱顶瓦斯浓度经常超限;事发时,由于掌子面处塌方,瓦斯异常涌出,致使模板台车附近瓦斯浓度达到爆炸界限,模板台车配电箱附近悬挂的三芯插头短路产生火花引起瓦斯爆炸。

11.3.9 岩爆隧道施工应开展围岩特性、岩爆强度等级等预报预测，对可能发生的岩爆应及时采取施工对策。

【解读】 本条规定了岩爆隧道施工相关要求，依据《公路工程施工安全技术规范》(JTG F90—2015)第9.11.6条规定制定。

> 《公路工程施工安全技术规范》(JTG F90—2015)第9.11.6条规定："施工中应加强围岩特性、岩爆强度等级、水文地质情况等的预报、预测和分析；宜在围岩内部应力释放后采用短进尺开挖，每循环进尺宜为1.0～2.0m，光面爆破的开挖面周壁宜圆顺；拱部及边墙应布设预防岩爆锚杆，施工机械重要部位应加装防护钢板；每循环内对暴露的岩面应加大监测及找顶频次；施工过程中应密切观察岩面剥落、监听岩体内部声响情况，出现岩爆迹象，作业人员应及时撤离。"

岩爆是指构造应力很高的隧道施工过程中，临空岩体积聚的应变能突然释放，而造成岩体爆裂并弹射出来的情况。岩爆具有突发性，会造成隧道开挖工作面的严重破坏、设备损坏和人员伤亡，应采取积极主动预报预测和强有力的支护措施，保障作业安全。

典型案例——

事故简要情况：2011年7月21日，某高速公路隧道工程右线开挖至K110+356时发生岩爆事故，最先使拱顶喷混凝土剥落、掉块，随后压曲格栅钢架，最后导致拱部严重变形，拱顶最大沉降量近20cm，初期支护失去作用。然而岩爆事故未引起设计方重视，要求继续按原设计纵向间距1m的格栅钢架施工。2011年7月26日施工单位主动将格栅钢架改为纵向间距为1m的I16工字钢，2011年8月3日，进一步将I16工字钢间距缩小为80cm。2011年8月8日，右线施工至K110+424，掌子面发出强烈而沉闷的声音；未支护的洞壁及拱顶岩体开始小范围剥离、掉块；岩块弹射距离2～3m；最后离掌子面30m内初期支护混凝土大面积剥落、掉块，最终，拱架失稳、垮塌。

事故主要原因：在岩爆从孕育到大范围发生过程中，设计方未现场调查并更新支护和掘进设计；施工方缺乏相关技术力量，增强支护方案后岩爆有所减弱，但并未完全遏制岩爆的发生；隧道施工前，未对岩爆发生的可能性进行评价，没有岩爆发生后的应急预案。

11.3.10 盾构法施工应结合工程地质条件、作业环境等因素合理确定盾构机选型，盾尾密封应进行专门设计。盾构始发、到达施工应做好土体加固、防渗、防突涌等防护措施。掘进过程应开展关键指标的监测监控，控制好掘进参数。

【解读】 本条规定了盾构施工相关要求，依据《公路工程施工安全技术规范》（JTG F90—2015）第9.12.1条规定制定。

> 《公路工程施工安全技术规范》（JTG F90—2015）第9.12.1条规定："盾构始发前应验算盾构反力架及其支撑的刚度和强度，反力架应牢固支撑在始发井结构上，盾构反力架整体倾斜度应与盾构基座的安装坡度一致；应根据工程水文地质条件、盾构机类型、盾构工作井的围护结构形式等因素加固盾构工作井端头地基，承载力应满足始发要求；应拆除刀盘不能直接破除的洞门围护结构，拆除前始发工作井端头地基加固与止水效果应良好，拆除时，应将洞门围护结构分成多个小块，从上往下逐个依次拆除，拆除作业应迅速连续；洞门围护结构拆除后，盾构刀盘应及时靠紧开挖面；盾构始发时应在洞口安装密封装置；盾尾通过洞口后，应尽早稳定洞口；盾构始发时，始发基座应稳定，盾构不得扭转；千斤顶应均匀顶进，反力架受力应均匀；负环脱出盾尾后，应立即对管片环向进行加固。"

盾构始发、到达过程涉及起重吊装、土体结构加固等关键环节，可能造成起重伤害、坍塌、涌水涌泥等后果，安全风险较高，需要高度重视。盾构掘进时，要同步做好施工过程安全监控，掌握盾构姿态、沉降位移等关键数据，以便及时对掘进参数做出及时调整，保障作业安全。

事故案例——

事故简要情况：2018年2月7日晚，某地铁线路右线盾构机完成905环掘进后，位于隧道底埋深约30.5m的淤泥质粉土、粉砂、中砂交界处且具有承压水的复杂地质环境中，在进行管片拼装作业时，突遇土仓压力，上升，盾尾下沉，盾尾间隙变大，盾尾透水涌沙。经现场施工人员抢险堵漏未果，透水涌沙继续扩大，下部砂层被掏空，使盾构机和成型管片结构向下位移、变形。隧道结构破坏后，巨量泥沙突然涌入隧道，猛烈冲断了盾构机后配套台车连接件，使盾构机台车在泥沙流的裹挟下突然被冲出700余米，并在隧道有限空间内引发了迅猛的冲击气浪，隧道内正在向外逃生的部分人员被撞击、挤压、掩埋，造成重大人员伤亡。

事故主要原因：事故发生段存在深厚富水粉砂层且临近强透水的中粗砂层，地下水具有承压性，盾构机穿越该地段时发生透水涌泥涌沙坍塌的风险高；盾尾密封装置在使用过程密封性能下降，盾尾密封被外部水土压力击穿，产生透水涌沙通道；涌泥涌沙严重情况下在隧道内继续进行抢险作业，撤离不及时；隧道结构破坏后，大量泥沙迅猛涌入隧道，在狭窄空间范围内形成强烈泥沙流和气浪向洞口方向冲击，导致部分人员逃生失败，造成了人员伤亡的严重后果。

11.3.11　沉管隧道管节出运前应对管节进行试漏检查。管节出运、安装作业应对作业水域进行航道管制，设置施工警戒区及禁航区。沉放过程应采取措施防止钢封门受损，对接完成后应按设计要求实施锁定回填。

【解读】　本条是关于沉管隧道在出运前检查、出运、沉放、安装、回填的基本规定，主要是为保障沉管隧道施工的作业安全。依据《沉管法隧道施工与质量验收规范》（GB 51201—2016）第14.2.5条、《公路工程施工安全技术规范》（JTG F90—2015）第9.13.3条及《沉管法隧道施工与质量验收规范》（GB 51201—2016）第8.5.3条规定制定。

《沉管法隧道施工与质量验收规范》（GB 51201—2016）第14.2.5条规定："通航保障安全应编制海事警戒方案并经评审后与海事、港口、航道等部门统一规划禁航施工水域、通航监管水域、临时候泊锚地等，合理设置警示、警戒、助（导）航设施，采取进出施工区监管水域报告制度，严禁超范围施工，跨区域、跨航道（航线）航行或锚泊；应及时掌握施工区船舶动态以及气候、潮汐水文等与航行有关的信息；应合理规划施工工期，选择自动化、智能化程度高的大型高效船舶参与作业，减少同时作业的船舶数量；应建立船舶准入制度，参与作业的船舶的证照及安全、环保设施齐全，状态良好，船员证书齐全、适任，施工许可手续齐备，按海事部门要求安装船舶自动识别系统（AIS），并统一配置导航、通信设备；施工船舶作业时，应按规定开启或悬挂号灯和号型；施工船舶作业时，应执行《中华人民共和国海上交通安全法》，遵守《1972年国际海上避碰规则》及海事部门规定的其他航行规则；管节浮运沉放必须在海事部门封航通告中规定的时间段内进行，管节浮运过程中应设专人对浮运船队进行统一指挥，船队前方应由海事部门安排海巡船清道引航，浮运警戒船在船队两侧警戒，测量船监测流速流向，辅助拖轮、锚艇全程护航。"

《公路工程施工安全技术规范》（JTG F90—2015）第9.13.3条规定："沉

管法施工的水下隧道沉管浮运前，应检验沉管水密性能，掌握施工水域水文、气象信息；沉管起浮后，应核实沉管浮运时的干舷高度，监控管节浮态变化，并应及时处理；管节浮运、沉放时的水文、气象等工况条件应满足施工要求。浮运过程应设警戒船跟随；管节沉放到位后，沉管端头封闭门应按规定程序拆除；管节安装完成后，应按照规定报有关部门，并应在两岸设置禁止抛锚等警示标志。”

《沉管法隧道施工与质量验收规范》(GB 51201—2016)第8.5.3条规定：“锁定回填管节对接完成后必须按设计要求进行管节内加载，直至达到设计抗浮系数要求，管节精调且管内控制测量完成后，先铺法时应立即锁定回填，后填法则应立即在管节尾部两侧进行锁定回填，待垫层施工完成后，全面锁定回填；锁定回填应对称、均匀沿管节两侧分层进行，回填范围、厚度等均应满足设计要求；锁定回填的坡脚位置应结合基础处理形式在纵向上给下一沉放管节端部留有足够的安全距离；应配置专用工程船舶进行深水水域的回填施工，抛填应采取对隧道结构外防水体系影响较小的工艺。”

沉管管节出运、安装作业应重点关注水上交通安全，采取必要措施保障沉管安全。沉管水下对接前后，钢封门是结构最脆弱的部位，若受到船舶、锚、水下构筑物碰撞，会造成钢封门破损、止水带损坏、沉管进水等后果，严重的可能导致沉管报废、影响通航或威胁作业安全。

事故案例——

事故简要情况：2002年4月23日，某隧道已经把总共7节管段中的1、2、3、6、7节沉放到位的外环隧道工地。5时，已沉放至江中的2、3管段之间，江水突然涌入，流量达到每小时600m^3。施工人员立即采取抽水、堵漏措施，确保管段稳定，没有新的漏水点，进水量得到控制。4月30日上午，正当进水即将被排干的时候，江水再一次大量涌入，这一次，流量猛增至每小时8000m^3。到5月14日18时，总进水量达到了18.9万m^3，从管段到岸上的暗埋段，几百米长的隧道内一片汪洋。外环隧道采用陆上预制管节、水中沉放合龙的“沉管法”施工，全程长2880m和宽43m。

事故主要原因：湍急的黄浦江底的反常潮汐使管段在沉放过程中发生微妙的变化，以致2、3管段之间橡胶密封圈GINA出现缝隙。

12 水运工程

12.1 港口工程

12.1.1 沉箱预制模板应设工作平台，并按沉箱高度设置稳固的人行塔梯。

【解读】 本条是关于沉箱预制模板的安全措施规定，主要参考《水运工程施工安全防护技术规范》（JTS 205-1—2008）第5.3.2条规定制定。

> 《水运工程施工安全防护技术规范》（JTS 205-1—2008）第5.3.2条规定："大型钢模板上应设置工作平台和爬梯，工作平台上应设置防护栏杆和限载标志。机械吊安的模板应进行吊点设计。"

沉箱预制属于高处作业，为保障工人作业安全，沉箱预制模板应设置工作平台，平台应设置防护栏杆、限载标志以及踢脚板等安全防护设施。人行塔梯是供沉箱预制作业人员上下或运送物料的登高通道，在高度上应每隔4～6m设置一个平台，四周和阶梯两侧均应设有安全护栏；塔梯安放处地基应牢固，四脚应垫平，并用底脚螺栓进行牢固。

12.1.2 沉箱出运前，施工单位应对顶升、承重、牵引、制动系统进行检查验收和试运转，并对移运通道或台车轨道进行验收。采用气囊移运，还应在气囊充气嘴前设置安全防护挡板。

【解读】 本条是关于沉箱出运前准备工作的规定，依据《水运工程施工安全防护技术规范》（JTS 205-1—2008）第6.2.11条、第6.2.12条规定制定。

> 《水运工程施工安全防护技术规范》（JTS 205-1—2008）第6.2.11条规定："沉箱顶升应按确定的顶升位置摆放千斤顶，千斤顶应分级加荷、同步起升，并应控制顶升速度与高度。沉箱移运前，应对横、纵移动轨道、台车、斜架车、场地等进行检查，并清理障碍物。沉箱溜放前，应确保沿轨道运行区无障碍物、轨道螺栓齐全紧固。卷扬机、滑车、钢丝绳等牵引系统应处于正常状态。"
>
> 第6.2.12条规定："距气囊移运作业区周边20m处应设置安全警戒线，无关人员不得进入施工现场。气囊充气或放气应同步、缓慢进行，并应避免部分气囊超过额定压力。作业人员不得站在空压机输气管口或气囊充气嘴前方。"

沉箱出运的顶升、承重、牵引、制动系统完好是沉箱出运安全的前提条件和重要保障，出运前必须进行检查验收和试运转，确保系统运转良好。沉箱移运通道或台车轨道基础处理、轨道铺设、平面尺寸和坡度等应符合施工方案要求，气囊出运沉箱的通道还应坚实、平整，不得有尖锐物及障碍物，防止割破或刺破气囊。采用气囊出运沉箱时，应在气囊充气嘴前设置安全防护挡板，以防止气嘴飞出击伤作业人员。

典型案例——

事故简要情况：2014年5月，某重力式码头工程进行沉箱出运作业。因空压机老化打气速度慢等原因，沉箱用气囊移运速度较慢，当沉箱移运至临近出运码头前沿时，潮水快要退潮了，只能把沉箱停在了出运码头前沿附近。但因为出运码头前沿有一定斜坡，这个时候要把沉箱停住，只能利用后拉钢丝绳拉住。可是，有根钢丝绳才吃力一会儿就突然绷断了，失去后拉的沉箱在自重的作用下，竟继续向码头前沿海侧滑移，朝海侧的沉箱壁滑出码头40多厘米了，大家只能眼睁睁看着沉箱继续向半潜驳上滑去。但这个时候半潜驳因为退潮，甲板面已低于码头面，如果沉箱再往前滑移，将发生半潜驳翻船倾覆事故。在这千钧一发之际，沉箱竟然停止滑移了，一场大事故竟得以幸免。

事故主要原因：此事件主要是沉箱出运前未对沉箱牵引系统检查准备好而导致。

12.1.3　沉箱上驳、运输、起浮、安装时的气象、水文工况条件应符合 JTS 205-1 的有关规定。出运码头及下潜坑水深应满足半潜驳（浮船坞）性能要求，应有富余水深。

【解读】　本条是关于沉箱上驳、运输、起浮、安装时的规定。主要参考《水运工程施工安全防护技术规范》（JTS 205-1—2008）第6.2.13.4条、第6.2.15条规定制定。

《水运工程施工安全防护技术规范》（JTS 205-1—2008）第6.2.13.4条规定："沉箱移入半潜驳应在涨潮时进行，水深应满足半潜驳的重载吃水要求，最小富余水深不得小于0.5m。"第6.2.15条规定："半潜驳下潜、沉箱起浮时，风力、波高、流速等工况条件必须满足半潜驳作业性能和沉箱起浮的安全要求。"

沉箱上驳、运输、起浮、安装均涉及水上水下作业，需施工船舶配合作业。气象、水文工况条件是水上水下作业安全的重要影响因素。在超过限定的气象、水文工况条件下作业，极易发生沉箱、半潜驳（浮船坞）、起重船等倾覆的事故。出运码头应根据沉箱出运工艺、沉箱规格与重量、半潜驳（浮船坞）性能要求等进行设计、建设，其下潜水深应满足半潜驳的重载吃水要求，最小富裕水深不得小于0.5m，施工中应对水深进行定期监测。

典型案例——

事故简要情况：2018年10月，某码头工程在沉箱出运过程中发生倾覆事故，造成7人死亡，2人失踪，直接经济损失1450万元。

事故主要原因：沉箱出运过程中，事发水域潮流流态紊乱、流向变化急剧，起重船后移方向与流向相反，组合力矩使沉箱在移动过程中产生一定的倾斜，起重船力矩限制器显示吊重数据不稳定、误差较大、大多数显示吊重数据大于实际吊力，操作工操作起重船吊力未达到技术方案要求的320t，致使沉箱发生倾斜，并最终倾覆。

12.1.4　沉箱起浮或近程浮运拖带，施工单位应对沉箱吃水、压载和浮游稳定进行验算。沉箱浮游稳定不满足要求时，应向沉箱各舱格内注水或进行固体压载。宜设置舱格自动水位监测报警装置。

【解读】　本条是关于沉箱浮游稳定性验算的规定，主要参考《水运工程施工安全防护技术规范》（JTS 205-1—2008）第6.2.17.1条规定制定。

> 《水运工程施工安全防护技术规范》（JTS 205-1—2008）第6.2.17.1条规定："沉箱吃水、压载和浮游稳定必须按相关规范进行验算，并满足要求。使用液体压载还必须验算自由液面对浮游稳定的影响。"

沉箱浮游稳定性是指沉箱在浮游状态下，不发生倾覆的稳定性。沉箱近程浮运拖带过程，沉箱应处于浮游稳定状态，以及沉箱由半潜驳出运实现陆地转水上过程，沉箱脱离半潜驳甲板前必须按要求压载满足沉箱浮游稳定或由起重船助浮满足浮游稳定，沉箱离开半潜驳至安装就位过程均应保持浮游稳定状态。在此过程中若沉箱不能保证其浮游稳定，极易发生倾覆沉入水中，因此必须计算沉箱浮游稳定。并采取压载等措施使沉箱满足浮游稳定；同时应验算自由液面对浮游稳定的影响，拖带时沉箱的干舷高度应满足要求，否则应采取加盖等措施。

典型案例1——

事故简要情况:某重力式码头工程采用半潜驳出运安装沉箱。

事故主要原因:因沉箱脱离半潜驳甲板前箱内注水压载未满足浮游稳定,当半潜驳下潜至沉箱脱离甲板时,沉箱突然失稳发生倾斜砸到半潜驳的墙体,造成船舶损伤事故。

典型案例2——

事故简要情况:某重力式码头项目采用半潜驳一次装运4件沉箱,沉箱运到安装水域时,半潜驳下潜导致逐件浮游出驳,造成船体下沉事故。

事故主要原因:由于未系统考虑4件沉箱的浮游稳定关系,在第一件沉箱出驳过程中,另外3件沉箱失稳倾斜,半潜驳甲板在局部荷载作用下被击穿。

12.1.5 已安装沉箱段和水上沉桩被水淹没的边缘角点应及时设置高潮时不被水淹没、昼夜能显示的安全警示标志。

【解读】 本条是关于本条已安装沉箱段和水上沉桩设置安全警示标志的规定,主要参考《水运工程施工安全防护技术规范》(JTS 205-1—2008)第6.3.19条、第7.3.6条规定制定。

《水运工程施工安全防护技术规范》(JTS 205-1—2008)第6.3.19条规定:"沉箱安装后,顶部应设置高潮位时不被水淹没的安全警示标志。"第7.3.6条规定:"立桩时,打桩船应离开运桩驳船一定距离,并应缓慢、均匀地升降吊钩。"

已安装沉箱段和水上沉桩被淹没后存在被过往船舶撞击的风险。因此,有必要设置安全警示标志以防止已安装沉箱和沉桩被碰撞,且安全警示标志应高于高潮位,夜间自动发警示光。

12.1.6 沉桩前应调查分析沉桩对岸坡稳定和邻近建(构)筑物安全的影响,制订安全保证措施,沉桩结束后应及时夹桩。

【解读】 本条是关于沉桩施工的规定,主要参考《水运工程施工安全防护技术规范》(JTS 205-1—2008)第7.1.1条规定制定。

《水运工程施工安全防护技术规范》(JTS 205-1—2008)第7.1.1条规定:"桩基施工前应对施工现场进行踏勘,并制定对临近建筑物、架空线路、管线、岸坡、围堰等的监测方案。”

目前大量工程实践发现，高桩码头的打桩施工常常对其岸坡的稳定性造成极大的不利影响。当桩打入土中时，由于振动和桩周土体会发生一定程度的扰动和重塑，如果在饱和软土中施打桩基，饱和土体中的水无法短时间内排出，这将导致土体内的孔隙水压力快速增加，土体有效应力降低，进而导致土坡的抗滑力减小。因此，在施打桩基过程中，由于土体的扰动和土体孔隙水压力的增加，极易对岸坡及周边构筑物造成不利影响，应对岸坡和邻近建（构）筑物进行观测，必要时还应采取必要的预防措施，确保岸坡和邻近建（构）筑物安全。

典型案例——

事故简要情况：2008 年 12 月，某码头在进行水上沉桩作业时，码头附近 20m 长的岸坡土体发生滑移，造成滑移区域多根已沉混凝土方桩发生不同程度的损坏。

事故主要原因：因事故附近桩基排架岸坡处原为一凹槽，曾发生过一次洪水造成的滑坡，后因常年受自然水流冲刷导致岸坡变陡，地质地貌平衡性较脆弱，岸坡稳定性设计时未充分考虑该区域岸坡的特殊情况。事故发生时水位过低，岸坡失去外侧水压力，平衡被打破，岸坡易发生崩塌，滑坡当天，在事发附近的桩基排架水域连续施打了 7 根桩，沉桩位置距离岸坡较近，产生周期性振动造成了岸坡滑移。

12.1.7　岸坡开挖应设置沉降与位移观测点，并进行观测与分析。

【解读】　本条是关于岸坡开挖施工的规定，主要参考《水运工程施工通则》（JTS 201—2011）第 5.1.4 条规定制定。

> 《水运工程施工通则》（JTS 201—2011）第 5.1.4 条规定：“岸坡开挖顺序和开挖工艺应满足岸坡稳定的要求；岸坡开挖前应对开挖区的地形和水深进行断面测量；开挖后应对岸坡断面进行测量；岸坡开挖过程中应对岸坡稳定进行观测。”

岸坡开挖过程中，如果土体内某一个面上的滑动力超过土体抵抗滑动的能力，易导致码头后方岸坡位移、滑动。因此，岸坡开挖时岸坡开挖顺序和开挖工艺应满足岸坡稳定的要求，在岸坡开挖过程要设置沉降与位移观测点，对岸坡稳定进行观测，确保开挖安全。岸坡观测一般在坡顶处采用地面水准仪测量土体沉降，深层水平变形采用测斜仪测量。观测点应设置在滑坡周界附近、滑动量较大和滑动速度较快的轴线方向和滑坡前沿区等部位。滑坡面上观测点应均匀布设，滑动量较大和滑动速度较快的区域应适当加密，滑坡周界外稳定的区域也应设置观测点。岸坡开挖过程应每天观测 1 次，至全部工程施工结束后 5 天左右变形稳定为止。

典型案例——

事故简要情况：某码头施工时，后方陆域前沿驳岸施工完不久，当潮水退至 2.5m（当地基准面）时，其中长约 45m、宽 27 ~ 30m 的岸坡发生整体滑动，坡顶出现小裂缝，坡脚外侧出现侧向位移并微微隆起，岸坡滑动面近似圆弧，最终岸坡最大下陷量约 30mm。

事故主要原因：施工单位为加快施工速度，加荷速率太快；设计时未估计和验算可能出现滑坡事故的情况，没有提出施工措施与要求；未加强施工期现场观测，未及时发现岸坡失稳迹象。

12.1.8 水上现浇横梁、桩帽和墩台等底模支承系统和作业平台应进行设计计算。平台使用前应对支承系统承载能力进行试验，使用过程中应定期对平台支承系统的焊缝、紧固螺栓等进行检查。

【解读】 本条是关于水上现浇横梁、桩帽和墩台底模支承系统和作业平台的规定，主要参考《水运工程施工标准化指南建设 施工工艺篇（码头工程）》第 4.5.4.2 条规定制定。

> 《水运工程施工标准化指南建设 施工工艺篇（码头工程）》第 4.5.4.2 条规定："底模支承系统结构应根据桩型、荷载等情况选用夹桩式、钢抱箍式或钢扁担悬吊式支承系统；铺底的范围应满足水上施工操作平台、施工通道及安全防护设置的要求。"

水上现浇横梁、桩帽和墩台等底模支承系统和作业平台的稳固是水上现浇作业安全的重要影响因素。因作业人员集中，如底模支承系统和作业平台发生坍塌，将引发较大以上安全生产事故，因此必须重视底模支承系统和作业平台的稳定。水上现浇横梁、桩帽和墩台等底模支承系统结构根据桩型、荷载等情况可选用夹桩式、钢抱箍式或钢扁担悬吊式支承系统。采用夹桩式或钢抱箍式支承系统时，应对夹桩式或钢抱箍螺栓的紧固力和整体的承载能力进行设计计算并进行试验；采用钢扁担悬吊支承系统时，应按照立柱一端固定一端自由，进行压杆稳定性验算，并根据桩基要素和构件尺寸、整体稳定等因素，确定钢扁担的悬臂长度和跨中距离。使用过程中应定期对平台支承系统的焊缝、紧固螺栓等进行检查，发现异常应及时维护或停用。

12.2 航道工程

12.2.1 航道整治工程应结合工程特点明确度汛、防台、防冰凌、防风暴潮等措施。

【解读】 本条是关于航道整治工程防洪度汛等要求的规定，主要参考《水运工程施工安全防护技术规范》(JTS 205-1—2008)第9.1.4条、第12.2.1条规定制定。

> 《水运工程施工安全防护技术规范》(JTS 205-1—2008)第9.1.4条规定："疏浚船舶在库区、坝区下游或回水变动区施工应预先了解水库调度运行方式。"第12.2.1条规定："施工单位应根据船舶的抗风能力和施工水域的掩护条件、水深、风浪、水流及变化，制定相应的防风应急预案。"

航道整治工程主要集中在水上水下施工，施工作业船舶较多，航道水位、水流流速、现场风浪等因素的变动，会对施工船舶及临时构筑物安全造成较大影响。施工单位需提早搜集掌握洪水、台风、风暴潮和寒潮等信息，提前制定施工船舶、临时构筑物安全防范措施和应急预案，从信息搜集、预警机制构建、避风锚地选取、航线制定等方面统筹做好预防预控措施，预留足够的处置时间，做到早防早避、有备无患，保障施工作业安全。

12.2.2 潜坝施工应设置高出水面的安全警示标志。

【解读】 本条是关于潜坝施工过程中有关安全措施的规定。潜坝是指设置在枯水水面以下、具有调整水面比降及限制河底冲刷等功能的河道整治建筑物。由于潜坝淹没于水下，过往船舶无法观察到，同时其施工过程需对航道进行交通疏导，同时改变了航道状态，可能会影响船舶安全，需要设置高出水面的安全警示标志。

12.2.3 施工船舶靠近航道一侧的锚缆不应超出施工区域，因条件限制超出施工作业区域的锚缆应采用沉链方式抛锚并标识锚位。

【解读】 本条是关于航道施工船舶锚缆要求的规定，主要参考《水运工程施工安全防护技术规范》(JTS 205-1—2008)第10.1.10条、第10.1.11条、第10.1.14条规定制定。

《水运工程施工安全防护技术规范》(JTS 205-1—2008)第10.1.10条规定:"施工船舶应根据施工水域的水底土质、水深、水流、风向等,选择合适的锚型、锚重和锚缆。"第10.1.11条规定:"抛锚应在专人指挥下进行,并应根据风向、潮流、水底土质等确定抛出锚缆长度和位置,并应避开水下电缆、管道、构筑物和禁止抛锚区。"第10.1.14条规定:"施工船舶位于或跨越航道的锚缆应采用链式沉缆。"

航道整治过程中,受河道宽度限制,施工水域和通航航道相互靠近,经常缺乏足够宽的安全缓冲区域。施工船舶抛锚时,相对船舶位置,呈现一定的距离和角度,有可能会超出施工作业区域。由于水下缆绳不易观察,可能会对航道往来的船舶安全构成巨大威胁。因而,施工船舶在抛锚过程中,需要合理布置船舶位置和锚缆位置,避免船舶锚缆超出施工水域,影响航道上船舶安全。链式沉缆相比钢丝绳缆,可以降低缆绳在水下的高度,降低缆绳碍航风险。因而,在条件受限制的水域,需超出施工作业区域抛锚时应采用沉链方式抛锚。

12.2.4 疏浚与吹填作业区域应设置安全警示标志和安全防护设施,与施工无关的船舶、人员及设施不应进入,作业区碍航的水上水下设施应设置警示标志及警示照明灯。

【解读】 本条是关于疏浚与吹填作业过程有关安全措施的规定,主要参考《水运工程施工安全防护技术规范》(JTS 205-1—2008)第9.1.2条、《疏浚与吹填工程施工规范》(JTS 207—2012)第7.5.2条规定制定。

《水运工程施工安全防护技术规范》(JTS 205-1—2008)第9.1.2条规定:"工程开工前,陆域吹填区域应设置安全警示标志。"

《疏浚与吹填工程施工规范》(JTS 207—2012)第7.5.2条规定:"开工前应与工程所在地相关部门就施工可能产生的航行干扰、避让、特殊气象条件下的锚泊和安全等问题进行协调,并制定相应措施。"

水上水下施工作业,施工船舶、水上设碍航施众多,水上交通安全风险较高,尤其是施工区域与通航航道、运营泊位等相邻情况下,容易发生施工船舶与通航船舶碰撞,船舶搁浅、沉没等水上交通事故,造成人员淹溺等事故;此外,船舶缆绳也可能会对穿行的小型渔船、快艇等造成威胁,造成人员溺水、物体打击等后果。因而,需要切实做好相关安全警示和防护,防范外部船舶、人员误入而造成伤害,同时应做好临时坝的监测。

12.2.5　水上排泥管线应设置标志灯,浮管锚应设置锚漂并显示灯号。水下管线跨越航道的应保证航道水深足够,管线两端应下锚固定并设置明显标志。陆上出泥管口应稳固,并设置警告标志。

【解读】　本条是关于排泥管线安全警示的规定,主要参考《水运工程施工安全防护技术规范》(JTS 205-1—2008)第9.3.3条、第9.3.8条,以及《疏浚与吹填工程施工规范》(JTS 207—2012)第6.4.4.2条、第6.4.5.10条规定制定。

《水运工程施工安全防护技术规范》(JTS 205-1—2008)第9.3.3条规定:"疏浚作业前,排泥管线的出泥管口应经检查确认稳固、正常,并应设置安全警示标志。必要时应设置围挡。"第9.3.8条规定:"水上排泥管线每间隔50m应设置一个昼夜显示的警示标志。固定浮管的锚应设置锚标。"

《疏浚与吹填工程施工规范》(JTS 207—2012)第6.4.4.2条规定:"港口、航道附近施工时,管线上应安装标志灯,管子锚应设置锚漂并用灯号显示。"第6.4.5.10条规定:"水下管线两端应下锚固定并设置明显标志。"

水上水下排泥管线及其锚缆漂浮在水面或悬浮在水下,可能会影响往来船舶航行,需按要求设置标志灯和号灯;同时,吹填作业时,排泥管线高压下磨损严重,存在爆管风险,无关船舶和人员应禁止靠近。水下管线跨越航道时,为避免碍航,管线下沉的深度应满足一定条件,保证航道水深足够。吹填作业时,尤其在刚启动吹填时,出泥管口喷出的水流、泥沙碎石等,会严重威胁附近人员的生命安全。因而,陆上出泥管应设置警示标志,防范无关人员进入。

12.2.6　吹填施工前应对围堰结构稳定性进行验算,控制吹填速率,确定吹填间歇期。

【解读】　本条是关于吹填施工过程有关安全措施的规定,主要是为了确保围堰结构安全。

临时围堰、排水系统应按设计图纸施工,分层实施时,应对围堰稳定性验算。同时控制好吹填速率,避免回填区加载过快,使围堰地基土体未及时固结失稳破坏,保障施工过程安全。

12.2.7　码头、护岸及其他水工建(构)筑物前沿疏浚与后方吹(抛)填作业应严格按设计要求控制超挖和填高,并采取措施保证建(构)筑物结构安全。

【解读】　本条是关于疏浚与吹(抛)填作业过程有关安全措施的规定,主要是为防范疏浚、吹(抛)填对构筑物造成影响。本条主要参考《疏浚与吹填工程施工规范》(JTS 207—2012)第7.2.3.7条规定制定。

《疏浚与吹填工程施工规范》(JTS 207—2012)第7.2.3.7条规定:“码头、护岸和其他水工建筑物前沿挖泥,必须严格按照设计的要求控制超挖。”

在码头、护岸等构筑物前方疏浚作业或后方吹填作业,超挖若超出设计要求,可能会损坏构筑物基础结构,或加大构筑物墙背土压力,填高若超出设计要求,也会使构筑物墙背土压力过大,可能导致构筑物产生裂缝、位移,严重影响结构安全,甚至造成构筑物的倾覆。因而,疏浚吹填施工前,应与建设单位、设计单位及相关施工单位保持密切沟通,就施工可能产生的干扰、结构安全等问题进行协调,提前明确超挖和超填控制要求,施工过程中要加强监测。

12.3　船闸工程

12.3.1　船闸工程勘察设计应满足结构安全稳定性、耐久性的相关要求。

【解读】　本条是关于船闸结构勘察设计安全的规定,主要是为保障船闸全生命周期安全。本条主要参考《船闸水工建筑物设计规范》(JTJ 307—2001)第2.1.2条、第3.1.1条规定制定。

《船闸水工建筑物设计规范》(JTJ 307—2001)第2.1.2条规定:“闸首和闸室等挡水结构设计必须满足稳定和强度要求。”第3.1.1条规定:“船闸结构计算应考虑运用、检修、完建、施工和特殊工况等情况。”

设计安全是本质安全问题,国内有船闸曾发生过因勘察设计因素而引发的结构安全稳定性问题。船闸结构设计计算应考虑施工、使用、检修、完建和特殊工况等各环节。其中,施工环节应按船闸建造、填土和地下水位处于不利情况进行设计计算;使用环节应考虑最不利的水位组合;检修环节应按闸室全部抽干或闸首局部抽干考虑;完建环节应按船闸基本建造完成,墙后填土到设计标高,船闸尚未放水,地下水位和闸室地面齐平的情况进行计算;特殊工况应考虑校准洪水、地震、排水管堵塞和止水破坏等情况。

12.3.2　船闸大体积混凝土模板应进行专项设计,模板安装验收合格后方可浇筑混凝土。拆除模板时,浇筑层混凝土强度应达到规定要求。

【解读】　本条依据《大体积混凝土施工标准》(GB 50496—2018)第5.3.1条、第5.3.4条规定制定。

《大体积混凝土施工标准》(GB 50496—2018)第5.3.1条:“大体积混凝土模板和支架应进行承载力、刚度和整体稳固性验算,并应根据大体积混凝土采用的养护方法进行保温构造设计。”第5.3.4条规定：“大体积混凝土拆模时间应满足混凝土的强度要求，当模板作为保温养护措施的一部分时，其拆模时间应根据温控要求确定。”

船闸施工涉及大体积混凝土施工。为防止大体积混凝土工程浇筑过程中，模板系统出现爆模、倒塌或倾覆现象，保障作业人员安全，规定了大体积混凝土模板应进行专项设计，对承载力、刚度和稳定性进行验算，保证其整体稳固性；同时还应考虑模板系统作业人员作业平台和安全防护设施。拆模时，混凝土强度如未满足要求，可能发生混凝土结构坍塌事故，因此拆模前应校核混凝土强度，确保满足要求，保障作业安全。

典型案例——

事故简要情况：某船闸工程将闸首边墩的钢筋浇筑工程分包给某建设工程有限公司（具有港口与航道工程施工总承包一级资质的独立法人单位）施工，某建设工程有限公司支护完毕闸首边墩的第二层混凝土模板后，在浇筑过程中模板突然胀裂倒塌，混凝土随之流出，将正在模板上施工的3人甩下，造成3人死亡。

事故主要原因：模板焊接加固后，监理人员没有认真检查模板支护、焊接情况，未严格执行验收规范要求；总包单位安全管理不到位，特别是验收人员没有认真检查模板支护、焊接情况，未严格执行验收规范要求，是导致事故发生的原因之一。

12.3.3　船闸施工应制订安全度汛方案，调查收集施工区域及河流上游水文、气象资料，建立与航道管理部门、水利部门、上游水库与水文站间的预警联动机制。

【解读】　本条是关于船闸施工过程安全度汛有关程序的规定，依据《船闸工程施工规范》（JTJ 307—2001）第3.0.1条规定制定。

《船闸工程施工规范》（JTJ 307—2001）第3.0.1条规定：“船闸工程施工应根据工程特点、设计要求、施工地区的自然条件和周围环境等综合因素编制施工组织设计。船闸工程施工应制定环境保护和施工安全防护方案，对可能发生的危害或灾害应制定应急预案。”

船闸施工受河流流量、水位、波浪、水深及流速等因素的影响大，尤其当河流水位、流量变幅大时，涉及施工围堰、基坑等结构安全，同时河流流量、水位超过设计时，水流将漫过施工围堰顶部使基坑被淹没，需提前做好人员、设备、设施等撤离、加固等安全防护措施。因此，应制定严密、完善的防洪度汛方案，并与上下游水电厂、船闸管理单位、气象部门、水文部门等相关单位建立预警联动机制，提前做好应急准备，以确保施工安全。制定针对人员和在建工程、船机设备、临时设施、建（构）筑物的三防措施，根据应急预案编制导则，结合实际特点，编制三防应急预案，及时搜集气象信息，根据预警等级及时启动预案，落实各项措施。

13　特殊季节与特殊环境施工

13.1　特殊季节施工

13.1.1　台风、季风期间，施工单位应密切关注气象和海浪预报信息，提早选定船舶避风锚地和人员避风场所，适时采取防风加固或避风措施。

【解读】　本条是关于台风、季风前施工作业有关安全防护的规定，目的是保障台风、季风期间船舶航行、停泊和人员作业安全，依据《水运工程施工安全防护技术规范》（JTS 205-1—2008）第11.4.1条、第11.4.2条、第11.4.4条规定制定。

《水运工程施工安全防护技术规范》（JTS 205-1—2008）第11.4.1条规定："施工单位应建立、健全防抗热带气旋的组织领导机构、指挥系统和应急抢险队伍，并应根据现场情况，制定施工安全措施计划和应急预案。"第11.4.2条规定："施工现场应按预案的要求对在建工程、车间、仓库、临时建筑、生活和办公用房等进行防风加固，疏通排水沟渠，配备防抗热带气旋的材料及设施。"第11.4.4条规定："施工单位应落实船舶避风锚地和施工人员的转移地点。"

沿海地区和桥梁工程施工中应防止汛期、台风和大风的侵袭与影响，应注意天气预报，大型施工机械在风力达到六级时，要采取放下臂杆、固定行走装置等措施，以免发生事故。

典型案例——

事故简要情况：2015年6月25日，某长江大桥HTQ-1标水上正桥6号墩在进行模板安装作业时，现场突遇气象变化，瞬时极大风速达25.1m/s（风力十级)，作业人员沿6号墩爬梯紧急往下撤离，承插型盘扣式脚手架爬梯瞬间向东整体倾覆，3人随同倾覆的爬梯沉入江中，造成3人死亡。

事故主要原因：桥梁墩身上下爬梯结构不满足抗风、抗倾覆要求，相应部位与墩身联结不够牢固，未进行防风加固操作。

13.1.2 台风、雨季(汛期)期间，易发生洪水、泥石流、滑坡、崩塌等灾害的施工现场应加强观测、预警，发现危险预兆应及时撤离作业人员和施工机械设备。

【解读】 本条是关于台风、雨季(汛期)期间对易发生洪水、泥石流、滑坡、崩塌施工现场加强观测、预警、防护的规定，依据《公路工程施工安全技术规范》(JTG F90—2015)第12.1.2条、第12.7.1条等规定制定。

> 《公路工程施工安全技术规范》(JTG F90—2015)第12.1.2条规定："应当及时收集当地气象、水文等信息，并根据情况及时采取防范措施。"第12.7.1条规定："易发生洪水、泥石流、滑坡等灾害的施工现场应加强观测、预警，发现危险预兆应及时撤离作业人员和施工机械设备。"

台风、雨季(汛期)期间施工应注意：①雨季来临前，应检查、修复或完善现场避雷装置、接地装置、排水设施、围堰、堤坝等采取加固和防坍塌措施、易冲刷部位应采取防冲或导流措施；现场的脚手架、跳板、桥梁墩台等作业面应采取防滑措施。②台风来临前还应对施工机械设备、临时设施、生活和办公用房进行防风加固，保持排水沟渠通畅，并落实船舶避风锚地、拖轮和人员的转移地点。

典型案例1——

事故简要情况：2013年5月12日，某在建高速公路工地山体受近期降雨等自然因素影响发生突然崩塌，造成工地板房宿舍被压，事故共造成5人死亡、3人受伤。

事故主要原因：施工单位安全管理不到位，对地质灾害认识不足，未严格对项目驻地和设施的地质灾害隐患进行排查，未落实监测、预警等防范措施。

典型案例2——

事故简要情况：2014年10月10日21时10分左右，某高速公路改扩建工程第14标段临时宿舍侧面山体滑塌,造成两排八间临时宿舍被冲垮掩埋,事故共造成19人死亡。

事故主要原因:事故由突发暴雨山洪或坡体长期受雨水浸泡(或雪水消融作用)引起的坡体滑塌。施工单位安全管理不到位,对地质灾害认识不足,未严格对项目驻地和设施的地质灾害隐患进行排查,未落实监测、预警等防范措施。

13.1.3 强风、暴雨前施工单位应检查防风锚定,对机械设备、施工船舶、临时设施进行全面检查,对防排水设施、支架、起重设备、临时房屋等进行完善或加固。

【解读】 本条是关于强风、暴雨前施工现场安全检查的规定,目的是为排查强风、暴雨来临前施工现场的隐患,保障机械设备、施工船舶、临时设施的安全。依据《水运工程施工安全防护技术规范》(JTS 205-1—2008)第11.4.1条、第11.4.2条规定制定。

《水运工程施工安全防护技术规范》(JTS 205-1—2008)第11.4.1条规定:"施工单位应建立、健全防搞热带气旋的组织领导机构、指挥系统和应急抢险队伍,并应根据现场情况,制定施工安全措施计划和应急预案。"第11.4.2条规定:"施工现场应按预案的要求对在建工程、车间、仓库、临时建筑、生活和办公用房等进行防风加固,疏通排水沟渠,配备防抗热带气旋的材料及设施。"

强风、暴雨前施工安全应注意:①及时排除施工现场积水,人行道的上下坡应挖步梯或铺砂,坑、槽、沟两边要放足边坡,危险部位要另作支撑。②处于洪水可能淹没地带的机械设备、材料等应做好防范措施,选好出入通道,防止被洪水包围。③施工船舶上的桩架、起重臂、桥架、钩头、桩锤、抓斗和挖掘机、起重机等主要活动设备均应备有封固装置。④加强起重臂、打桩架、定位钢桩、臂架和锚缆等设施的观察,风浪可能对船舶或设备造成威胁时,应停止作业。⑤大风、大雨后,应检查支架、脚手架、起重设备、临时用电工程、临时房屋等设施的基础。

典型案例——

事故简要情况:2016年4月13日凌晨5时38分左右,某预制构件厂一台通用门式起重机发生倾覆,压塌轨道终端附近的部分住人集装箱组合房,造成18人死亡、33人受伤,直接经济损失1861万元。

事故主要原因：天气突发雷电大风强降雨，但施工单位未按规定使用夹轨器固定，导致龙门吊被强风推动滑至轨道端部，门吊支腿受终端轨道止挡阻挡后，在巨大的惯性作用下，龙门吊整体倾覆；同时，龙门吊倾覆范围内有违建临时宿舍，造成了大量人员的伤亡。

13.1.4 雨季（汛期）应经常检查和确保现场电气设备的电线绝缘、接地保护、漏电保护等装置有效可靠，拌和站、塔吊等高大的设施设备应设置防雷装置。

【解读】 本条是关于雨季（汛期）施工现场电气设备及防雷装置的规定，目的是为排查雨季（汛期）施工现场电气设备及防雷装置的隐患，保障电气设备、高大设施设备防雷装置的安全。依据《公路工程施工安全技术规范》（JTG F90—2015）第12.3.1条和《水运工程施工安全防护技术规范》（JTS 205-1—2008）第11.1.4条规定制定。

> 《公路工程施工安全技术规范》（JTG F90—2015）第12.3.1条规定："雨季来临前，应检查、修复或完善现场避雷装置、接地装置、排水设施，围堰、堤坝等应采取加固和防坍塌措施，易冲刷部位应采取防冲或导流措施。"
>
> 《水运工程施工安全防护技术规范》（JTS 205-1—2008）第11.1.4条规定："潮湿多雨季节必须定期检测机电设备的绝缘电阻和接地装置，不符合规定的设备必须停止使用。电气开关必须采取防雨措施。"

做好雨季防触电、防雷击工作应注意：①电源线不得使用裸导线和塑料线，不得沿地面敷设。②配电箱必须防雨、防水，电器布置符合规定，电元件不应破损，严禁带电明露。③机电设备的金属外壳，必须采取可靠的接地或接零保护。④手持电动工具和机械设备使用时，必须安装合格的漏电保护器。⑤工地临时照明灯、标志灯，其电压不超过36V。特别潮湿场所、金属管道和容器内的照明灯，电压不超过12V。⑥电气作业人员，应穿绝缘鞋，戴绝缘手套。⑦达到一定高度的塔吊、龙门架、脚手架等应安装避雷装置。

13.1.5 夏季高温施工作业应合理安排作业时间，并采取合理的防暑、降温措施，为作业人员提供相应的个体防护用品。

【解读】 本条是关于夏季高温人员施工作业的规定，主要保障作业人员合理的作业时间和个体防护安全。依据《建设工程安全生产管理条例》第28条、第32条、第33条和《公路工程施工安全技术规范》（JTG F90—2015）第12.5.1条、第

12.5.2 条规定制定。

关于个体防护用品和安全措施,《建设工程安全生产管理条例》第 28 条规定:“施工单位应当根据不同施工阶段和周围环境及季节、气候的变化,在施工现场采取相应的安全施工措施。”第 32 条规定:“施工单位应当向作业人员提供安全防护用具和安全防护服装,并书面告知危险岗位的操作规程和违章操作的危害。”第 33 条规定:“作业人员应当遵守安全施工的强制性标准、规章制度和操作规程,正确使用安全防护用具、机械设备等。”

关于高温施工作业,《公路工程施工安全技术规范》(JTG F90—2015)第 12.5.1 条规定:“作业时间应避开高温时段。”第 12.5.2 条规定:“必须在高温条件下的施工作业应采取防暑降温措施。”

高温作业是指在高温、高湿或强烈辐射的环境下从事作业。高温施工作业安全应注意:①严格控制加班加点,高处高温作业人员的工作时间要适当缩短,保证工人有充足的休息和睡眠时间。②对在容器内和高温条件下的作业场所,要采取通风和降温措施。③对露天作业中的固定场所应搭设歇凉棚,防止热辐射,并要经常洒水降温。④对高温高处作业的人员,需经常进行健康检查,发现有作业禁忌者,应及时调离高温和高处作业岗位。⑤要经常组织医护人员深入工地进行巡回医疗和预防工作,及时给职工发放防暑降温的急救药品和劳动保护用品。

13.1.6 冬季施工作业,施工单位应落实人员防寒、防冻、防滑措施,做好船机设备及临时设施的防风、防火工作。

【解读】 本条是关于冬季施工作业安全防护的规定,加强季节性劳动保护工作。目的是保障作业人员和船机设备、临时设施的安全。依据《公路工程施工安全技术规范》(JTG F90—2015)第 12.2.1 条规定制定。

《公路工程施工安全技术规范》(JTG F90—2015)第 12.2.1 条规定:“冬季来临前,应检修、保养、使用的船机、设备、机具及防护、消防、救生设施,并应采取防冻措施。”

冬期施工期限划分原则是:根据当地多年气象资料统计,当室外日平均气温连续 5d 稳定低于 5℃即进入冬期施工,当室外日平均气温连续 5d 高于 5℃即解除冬期施工。冬季施工过程应注意:①为作业人员配备符合要求的防寒服装,正确使用人员防护用品,防止作业人员冻伤事故发生。②施工现场的道路、工作平台、斜坡道、脚手板船舶甲板等均应采取防滑措施、及时清除冰雪。冬季施工现场应配备消防设施。③在江河冰面上通行时,事先应详细调查冰层的厚度及承载能力。冰面结冻不实地段,严禁通行。结冻不实地段、可通行地段都应设明显标志。初冬及春融季节应经常检查冰层变化情况,以确定可否通行。④严禁在办公、住宿或工作间使用电炉、碘钨灯等取暖。⑤遇有雪天、风力大于或等于6级的天气或电梯滑道、电缆结冰时,施工现场的外用电梯应停止使用,并将梯笼降至底层,切断电源。⑥船舶甲板上的泡沫灭火器、油水管路和救生艇的升降装置等均应采取防冻措施。⑦冰冻期不宜在封冻水域进行长途调遣拖航。⑧冬季施工不得攀爬结冰的登高软梯、超重臂架,不得在结冰的高处平台、水上墩台、桩帽和横梁上作业。⑨严禁使用明火烧烤或开水加热冻结的氧气瓶、乙炔瓶、阀门、胶管等。

13.2 特殊环境施工

13.2.1 夜间施工作业场所或工程船舶机械作业应设置满足作业要求的照明设备和警示标识,作业人员应穿戴反光警示服。

【解读】 本条是关于夜间施工作业的规定,目的是保障作业场所、机械设备照明警示要求和作业人员的安全。依据《公路工程施工安全技术规范》(JTG F90—2015)第12.4.1条和《水运工程施工安全防护技术规范》(JTS 205-1—2008)第11.5.1条规定制定。

> 《公路工程施工安全技术规范》(JTG F90—2015)第12.4.1条规定:"夜间施工时,作业场所或工程船舶应设置照明设备,照度应满足施工要求。光速不得直接照射工程船舶、机械的操作和指挥人员。"
>
> 《水运工程施工安全防护技术规范》(JTS 205-1—2008)第11.5.1条规定:"施工船舶或作业场所应设置照明设备,照度应满足施工要求。"

夜间施工是指晚二十二点至晨六点之间的施工作业。夜间施工因能见度不良,施工作业人员易发生疲劳而引发安全事故。夜间施工安全应注意:①施工驻地要设置路灯。②施工中的小型桥涵两侧及穿越路基的管线等临时工程,应设置围栏,并悬挂红灯警示标志。③大型桥梁攀登扶梯处应设有照明灯具。④夜间作业船只或在通航江河上长期停置的锚船、码头船应按港航监督部门规定,配置齐全的夜航、停泊标志灯。船只停靠码头应设照明灯。⑤高度大于30m且高于周围建筑物的塔式起重机,应在塔顶和臂架端部安装红色障碍指示灯,该指示灯的供电不应受停机影响。夜间施工还应执行领导带班制度。

13.2.2 沙漠地区施工应及时了解风沙情况、沙丘变化及天气预报,为作业人员提供口罩、护目镜、防尘帽等相应的个体防护用品。沙暴和龙卷风易发地区应设置应急避险场所。

【解读】 本条是关于沙漠地区施工的规定,目的是保障作业人员安全。依据《建设工程安全生产管理条例》第28条、第32条、33条和《公路工程施工安全技术规范》(JTG F90—2015)第12.9.1条规定制定。

《建设工程安全生产管理条例》第28条规定:"施工单位应当根据不同施工阶段和周围环境及季节、气候的变化,在施工现场采取相应的安全施工措施。"第32条规定:"施工单位应当向作业人员提供安全防护用具和安全防护服装,并书面告知危险岗位的操作规程和违章操作的危害。"第33条规定:"作业人员应当遵守安全施工的强制性标准、规章制度和操作规程,正确使用安全防护用具、机械设备等。"

《公路工程施工安全技术规范》(JTG F90—2015)第12.9.1条规定:"风沙地区的临时生产、生活设施应满足防风、防沙要求。"

沙漠地区施工安全包括:①风沙地区的临时生产、生活设施应满足防风、防沙要求,驻地附近应设置高于15m的红色信号旗和信号灯;②通行车辆技术性能应满足沙漠运行要求,操作人员应接受相应的培训;③外出作业每组不得少于3人,并应配备通信设备;④大风来临前,机械设备应按迎风面最小正对风向放置,高耸机械应采取固定、防风措施;⑤在风季及风口地区,要戴好口罩、风镜、防尘帽等劳保用品,在驾驶室内操作的人员,要关闭驾驶室的门窗,没有驾驶室的工程机械最好也要安装上驾驶室,以防止尘肺的发生;⑥遇到沙暴和龙卷风,人员要及时进入驾驶室、大客车、爬犁房中,或到大型设备下面背风处躲避。

13.2.3 高海拔地区施工应组织从业人员进行健康体检,并在施工现场设立医疗机构和氧疗室,为作业人员配备供氧器等医疗应急物品与相应的个体防护用品。

【解读】 本条是关于高海拔地区施工人员安全防护的有关规定,主要是保障高海拔地区人员作业安全。依据《公路工程施工安全技术规范》(JTG F90—2015)第12.10.2条、第12.10.5条规定制定。

《公路工程施工安全技术规范》(JTG F90—2015)第12.10.2条规定:"应设立医疗机构和氧疗室,现场应配备供氧器。"第12.10.5条规定:"高海拔地区工作的人员应严格体检,不适合人员不得从事高海拔地区作业。"

高海拔地区施工是指海拔3000m以上地区施工作业。高海拔地区施工安全包括:①施工期间建设各方应设立医疗机构和氧疗室,执行国家卫生防疫、劳动卫生和医疗保障的有关规定,制定切实可行的医疗卫生保障制度,确保参建人员的劳动能力和身体健康。施工单位应完善施工班组、项目部、地方合作医院等三级医疗卫生机构,配备必要的医疗器械和药品,及时对施工现场人员进行身体检查,及早发现病情,及早治疗;医疗机构应建立健全所有参建人员的健康档案,定期检查,保障施工人员的健康,做好高原病的防治工作;②初入高海拔地区,应遵循海拔由低到高逐步适应的原则,进行一定时间的适应性锻炼、观察、调理、治疗,并应多饮水、静养、缓动、慢行,避免吸烟饮酒,严禁暴饮暴食、剧烈运动;③施工现场应建立氧疗室,宿舍应设置富氧舱,作业人员应随身携带供氧器,定时吸氧;④生活区、料库(场)、设备存放场应避开热融可能滑坍的冰锥、冻胀丘、高含冰量的冻土和湖塘等不良地段;⑤临时工程、施工驻地不应修建在草场、牧场、野生动物栖息地以及迁徙通道附近、自然保护区核心地段和植被覆盖良好的处所,修建临时工程不得切断、阻拦地表水和地下水径流的排放,临时工程、施工驻地周边沼泽地带应设置警示标志。

13.2.4　无掩护水域或远离陆地的海上施工现场应配备通信设备、救生设施和应急船舶,及时收集气象及海况预报。

【解读】　本条关于无掩护水域或远离陆地的海上施工现场应急设备和气象及海况预报要求,目的是保障作业人员、船舶在无掩护水域或远离陆地的海上施工过程中安全性及应急救援的有效性。依据《水运工程施工安全防护技术规范》(JTS 205-1—2008)第11.7.1条至第11.7.5条、第11.4.6.1条、第12.2.2.2条规定制定。

关于无掩护水域或远离陆地的海上施工现场应配备通信设备、救生设施和应急船舶,《水运工程施工安全防护技术规范》(JTS 205-1—2008)第11.7.1条:“施工船舶的作业性能必须满足无掩护水域的工况条件。”第11.7.2条:“施工前,施工单位应根据非自航施工船舶的数量、大小和种类,配备适量适航的监护拖轮和救生设施。”第11.7.3条规定:“远离陆地或基地的海上施工现场应配备通信和救护等设施,并宜设置供施工人员临时食宿的住宿船和交通工作船。”第11.7.4条规定:“避风锚地应选择在相对较近、水文气象条件较好的水域。”

关于及时收集气象及海况预报,依据《水运工程施工安全防护技术规范》(JTS 205-1—2008)第11.7.5条规定:“施工单位应向气象台站收集中长期天气及海浪预报,并每天按时收听当地的气象和海浪预报。”第11.4.6.1条规定:“防台指挥系统必须实施24h专人值班制度,并按时收听气象预报和查阅有关台风信息,跟踪掌握热带气旋动向。”第12.2.2.2条规定:“施工单位应每天按时收听气象和海浪预报,加强对水文气象的分析。”

无掩护水域是指没有半岛、海岛或防波堤等水工建筑物阻挡外海风浪直接作用的水域。无掩护水域或远离陆地的海上施工由于缺少阻挡,作业区域受海浪、洋流、暗涌等海洋环境影响严重,船舶在作业过程中存在安全隐患。作业区域远离陆地,应急救援及通信存在困难。无掩护水域或远离陆地的海上施工安全包括:①水上施工的安全管理应符合现行的《中华人民共和国海上交通安全法》的有关规定;②检查水上施工设备必须符合有关工程施工的技术要求;③检查水上作业区是否按规定配备救生圈、救生衣、钩杆、报警器等救生设备。

附件 1　编制背景及思路

一、制定背景

随着《中华人民共和国安全生产法》《建设工程安全生产管理条例》《公路水运工程安全生产监督管理办法》等系列法律法规与规章制度的实施，国家和行业对公路水运工程项目落实安全生产条件提出了系列新的要求。然而，现行标准规范中缺少对安全生产条件的明确定义及具体规定，造成公路水运工程项目从业单位与从业人员难以有效执行，亟须针对公路水运工程特点编制项目安全生产条件的通用标准。因此，为有力推动公路水运工程安全生产条件相关要求落地，不断提高行业安全生产管理水平，交通运输部组织相关单位开展了行业标准《公路水运工程安全生产条件通用要求》（JT/T 1404—2022）的制定工作。

二、标准的定位和作用

本标准规定了公路水运工程安全生产条件的基本要求，机构、人员与费用，安全管理制度，安全技术保障，应急管理，临时设施与设备，通用作业，公路工程，水运工程，特殊季节与特殊环境施工等要求。本标准适用于公路水运工程新建、改建、扩建项目的施工安全生产管理。

本标准首次明确了安全生产条件的定义内涵及要素内容，具有宏观性、层次性、基础性与动态性的特点。本标准的发布实施将有利于完善交通运输安全应急标准体系，规范公路水运工程安全生产条件要求，提升公路水运工程施工安全管理水平。

三、标准主要内容

（一）术语和定义

本标准新定义和完善了 8 个术语，分别为从业单位、安全生产条件、安全生产管理体系、风险辨识、风险评估、事故隐患、应急预案和两区三场。其中，首次给出了“安全生产条件”的定义，包括但不局限于组织机构、人员素质、管理制度、资金投入、设计文件、施工方案、施工设施、机具设备、工程材料、工艺技术、安全防护用品、作业环境等方面的要求。

（二）基本要求

本章规定了公路水运工程基本建设程序、安全生产管理体系、安全生产协议、安全教育培训等有关要求。

（三）机构、人员与费用

本章主要对公路水运工程项目安全生产组织机构设置、人员配备及安全生产费用等相关要求进行了规定,包括安全生产机构设置、安全管理人员和特种作业人员配备、培训及考核、安全生产费用的提取、使用和调整等。

(四)安全管理制度

本章主要对公路水运工程安全管理制度编制以及建设、监理和施工单位制度清单、制度实施检查和施工现场实施等相关要求进行了规定。

(五)安全技术保障

本章规定了公路水运工程施工组织设计与专项施工方案的编制、审查与实施要求,提出了安全风险预控和隐患排查治理等有关规定。

(六)应急管理

本章主要对公路水运工程应急准备、预案编制和应急演练等相关要求进行了规定。其中,应急准备包括预警机制、教育培训、应急资源、救援队伍等有关要求;预案编制包括项目综合应急预案、合同段施工专项应急预案及现场处置方案等有关要求;应急演练包括演练计划、总结评估等有关要求。

(七)临时设施与设备

本章主要对公路水运工程两区三场建设选址、安全距离、管理与验收,临时用电方案设计与审批,便道便桥和临时码头设计选址、防护措施和警示标识,以及施工船舶和机械设备的检验、登记与退场等有关要求进行了规定。

(八)通用作业

本标准主要对公路水运工程常见的高处作业、吊装作业、钢筋(钢绞线)作业、有限空间作业、支架及模板作业、基础工程作业、爆破作业、水上水下作业和涉路作业等通用作业有关要求进行了规定。

(九)公路工程

本标准主要对公路工程中路基路面工程、桥梁工程和隧道工程的有关要求进行了规定。其中,路基路面工程包括前期调查、高边坡施工、特殊路基施工、路面施工等有关要求;桥梁工程包括自升式架设设施、挂篮设备、悬臂拼装、架桥机施工、拱桥施工、斜拉桥施工、悬索桥施工、桥梁拆除等有关要求;隧道工程包括超前地质预报与监控量测、洞口施工、通信联络、通风照明、有害气体检测、洞身开挖、支护作业、软岩隧道施工、硬岩隧道施工、盾构隧道施工、沉管隧道施工等有关要求。

(十)水运工程

本标准主要对水运工程中港口工程、航道工程和船闸工程的有关要求进行了规定。其中,港口工程包括沉箱预制、沉箱出运、沉桩安全防护、水上底模支撑系统和作业平台等有关要求;航道工程包括航道整治、潜坝施工、疏浚与吹填作业、水上水下作业、码头护岸作业等有关要求;船闸工程包括前期勘察设计、大体积混凝土施工、预警联动机制等有关要求。

（十一）特殊季节与特殊环境施工

本标准主要对公路水运工程特殊季节与特殊环境施工的相关要求进行了规定。其中，特殊季节施工包括台风季风施工、雨季汛期施工、强风暴雨施工、夏季高温施工、冬季施工等有关要求；特殊环境施工包括夜间施工、沙漠地区施工、高海拔地区施工、海上施工等有关要求。

附件2　典型项目案例

安全促品质　品质保安全
——某港区作业区北1号、2号泊位工程

一、工程概况

该项目新建2个5万吨级多用途泊位(水工结构按靠泊10万吨级集装箱船设计)和1个5千吨级多用途泊位、消拖泊位、预留岸线及配套设施。水工主体结构形式采用连片式重力式沉箱结构,共85件沉箱,陆域形成总面积42.36万m^2,包含道路、堆场工程、地下管沟井及管线工程。项目质量安全目标为开展“品质工程”建设,确保优质工程,争创水运交通优质工程奖和“平安工地”示范项目。

工程重难点主要在于:①本项目为省重点工程,建设体量大,合计总造价高达6.37亿元(含5000万元暂定金);混凝土总方量约13万m^3,沉箱为现场预制,大临设施(两区三场)标准化建设要求高,混凝土外观及实体质量要求高,预制过程安全是项目控制重点;②沉箱共85件,其中2000t沉箱49件,1000t沉箱21件,700t沉箱15件,出运、安装过程安全管控是项目的难点;③沉箱安装顺序直接影响到基槽及港池开挖的顺序,海上船舶交叉作业合理调度、海上防台防汛应急预案和演练是安全管控重点;④项目抛石基床厚度12m,基床爆夯过程管控,直接影响后期码头结构的稳定和本质安全;⑤专项施工方案涉及沉箱预制、出运安装方案、胸墙大体积浇筑方案、基床爆夯方案等,风险管控点多,是项目安全管理重难点。

二、典型做法

1.完善安全生产管理体系

安全生产管理体系是在公路水运工程建设项目安全生产方面指挥和控制组织的管理体系,是用于制定安全生产方针和目标并实现这些目标的一组相互关联的要素。体系包括项目机构、人员与费用、安全管理制度、安全技术保障和应急管理等。

2.健全管理机构

项目部组建以来,高度重视安全生产工作,健全安全管理机构,规范人员配置及进场管理,确保安全生产费用投入。

项目部组织结构架构完整,人员配备齐全,安全生产管理人员全部持有交通运输部安全考核证书,可满足施工作业需要。电工、焊接与热切割作业人员等特种作

业人员均做到持证上岗。

项目安全生产费用主要用于施工安全防护用具及设施的采购和更新、安全施工措施的落实、安全生产条件的改善等。按照不少于工程造价的1.5%费用投入到安全生产中，后续每月向监理和业主单位报安全生产费用使用计划及投入证明，及时建立相关台账，待监理和业主审核通过后再按照工程进度款的1.5%进行过程支付，保证了安全投入的及时、到位、有效。

船舶进港前，先行组织验收，验收合格后方能进场。门机、塔吊等特种设备由省特种设备检验研究院完成特检，随后在质量技术监督局取得使用登记证后投入使用。

3. 完善安全责任及管理制度

为了使项目部安全管理工作做到有"制"可依，有"章"可循，项目部制定《安全检查制度》《安全教育培训制度》《安全责任制考核制度》等管理规定和制度，规避了人管人，实现了制度管人，通过制度的落实和实施，规范了管理程序，及时制止和纠正"三违"行为，确保安全管理处于有序状态。在协作单位进场前，及时签订"安全生产协议书"，明确双方责任和权利，制定切实可行的安全管理制度，并随着工程进展不断完善。

4. 落实安全技术保障措施

1）安全风险预控

工程开工后，由建设单位委托第三方进行总体施工安全风险评估，并根据评估结论做出相应的风险控制要求。项目部及时组织人员进行危险源调查、风险辨识和评价，委托第三方进行专项风险评估。根据总体和专项风险评估报告采取危险源告知、危险源教育、安全专项方案、应急救援预案、日常监督检查等管理措施实施重要危险源管理，做到安全管理有重点、有突出、有针对性，防止事故的发生。

将重大风险的名称、位置、可能导致的生产安全事故及管控措施等采用公示牌和现场教育交底的形式及时告知直接影响范围内的相关作业人员和班组长，提高作业人员的危险意识，确保施工安全。建立《风险源辨识与风险评价结果一览表》和《重要风险源及其控制计划清单》，对风险源制订了针对性的控制措施，并对重要风险源制订管理方案。

2）施工组织设计和专项施工方案

项目在正式开工前及时上报经公司技术负责人签字和公司发文确认的施工组织设计，并报监理单位审批；施工过程中，结合施工安全风险评估结论、设计变更、工艺调整等要求，完善和更新施工组织设计，明确安全技术措施和保障措施。

分项工程施工方案由项目经理部技术人员编制，项目技术负责人审批后报公司技术、安全、工程部门备案，由专业监理工程师审批并按照审批方案施工。对危险性较大或重大分项工程，施工方案编制及审批流程主要包括项目经理部技术负责人编制完成后，经公司各部门及总工程师审批签字，并由专家论证完成修改完善（爆夯、沉箱出运安装、胸墙浇筑均经专家论证），最后报总监理工程师审批后实施。

分部分项工程开工前，项目部技术负责人负责实施逐级质量安全技术交底。技术交底形式以会议室内的桌面交底及现场交底相结合，形成书面交底资料，签字存档。

3）隐患排查治理

项目部认真落实交通运输部安委会《关于开展安全生产风险防控和隐患排查治理百日行动的通知》和省交通质监局印发的《关于组织开展公路水运工程建设安全生产隐患排查治理专项行动的通知》等专项活动任务要求，全面深入细致地开展施工风险防控和隐患排查治理工作。成立"隐患排查治理"领导小组。由项目经理、项目书记组成"双组长"制、项目总工、项目副经理、安全总监、安全员、技术员等组成。小组重点对沉箱预制场、胸墙施工现场、海上作业内容等进行全面部署和排查，开展安全风险防控和隐患排查自查自纠治理工作，结合项目部安全检查制度，进行隐患排查和治理，建立安全生产重大风险清单、重大隐患台账，制订并落实有效防范和治理措施，实现重大风险可控、重大隐患清零。

5. 严格应急管理

1）应急准备

项目及时办理工程一切险和意外伤害险。为获取第一手的气象、水利、海况、水文等预警信息，项目部与当地气象部门签订气象预报和气象统计服务合同，及时将预警信息通过短信、邮件和微信等方式传达给主要管理人员和一线人员，有效进行天气预警，降低和减少隐患。

项目部与当地消防支队、医院、宾馆等部门和单位签订应急合作协议，将消防支队作为防台防汛应急避险场所；医院作为紧急救治医院；宾馆同样作为人员撤离和应急居住地，解决台风季节、石化园区紧急撤离应急之需。

2）应急教育培训及预案编制

项目部按规定编制应急教育培训计划，制定综合应急预案、专项应急预案12项和现场处置方案7项，并上报监理和建设单位进行审批；按照要求配备充足的应急物资、救援设备及器材，建立应急物资清单，定期进行检查维护。

3）应急演练

项目部定期对职工和施工作业人员开展应急安全教育，按照演练计划分别开展高处坠落应急演练，组织消防应急演练、防台防汛应急演练和疫情防范应急演练，并对演练进行记录总结，提高项目部的应急能力。

6. 临时设施与设备标准化管理

1）两区三场

项目部在工地建设中，坚持“综合考虑、因地制宜、统筹规划、安全舒适”的原则，合理规划施工现场的布置，按照观念最新、投入最少、形象最佳、效果最好的理念，以“一流的施工现场管理、一流的施工现场形象、一流的施工作业环境、一流的项目管理水平”为准则，推进工地建设标准化。

项目部临时驻地建设制定了施工方案，并按方案要求进行施工。投入使用前经过了业主单位和监理单位对消防设施和用电安全等的验收，验收合格。其中，沉箱临时出运码头委托某设计院进行专项设计，并出具相关图纸。

工地建设实行混凝土集中拌和、钢筋集中加工、构件集中预制、人员集中居住的“四集中”标准化管理。根据专项施工方案对重要基础部位报请监理单位进行隐蔽验收，成型后进行最终使用前、投产前的验收。

项目部生活、办公区地势相对较高，地势平坦，排水通畅；不存在滑坡等其他安全隐患；满足防风、防汛、防雷（委托第三方实测并出具相关报告）等相关要求，预制场及施工现场及时配备应急发电机，以备应急之需。两区采用的集装箱和活动板房其芯材的燃烧性能等级均为 A 级，符合防火措施 GB 50720 的规定。两区三场做到监控设备全覆盖，进出大门抓拍，实现手机 APP 及电脑端的实时查看，云端数据存储。每日保存记录，形成施工现场动态影像资料。

2）临时用电措施到位

项目部根据要求将用电设备在 5 台及以上或设备总量在 50kW 及以上者，由专业人员编制临时用电组织设计，并结合现场实际情况计算调整用电组织设计。施工现场用电符合“TN-S 接零保护系统”、做到“一机一闸一漏一箱”，采用三级配电、二级漏电保护系统。采用标准化电箱，制作钢结构安全防护框，并设立警示标牌、责任牌和二维码检查记录等。电缆禁止沿地面明设，采用架空或穿管埋地敷设。

3）施工船舶、机械设备管理

项目部设置船舶设备专管人员，建立设备管理台账，将自有设备、外租和协作队伍的机械设备纳入项目部统一管理，定期检查和维护保养，并填写维修保养记录。设备进场前按要求由设备部及安环部人员进行验收，并由验收人员签字。

机械设备采用“一机一档”管理，作业人员全部持证上岗。船舶进场后由安环部、工程部以及物设部进行安全技术交底，告知相关危险源以及防台防汛应急要求，明确避风锚地和船舶施工作业区。设备退场时及时同设备、船舶经营方办理书面退场手续。

7. 确保通用安全作业措施落实到位

在高空作业方面，项目采用高空操作平台、附墙式人行塔梯、专用升降机，保证高空作业安全；在临水临边防护方面，设置临水临边安全通道及标准式防护栏杆等，保证临水临边作业安全；移动式挡板及加长气囊充气嘴，确保沉箱出运人员安全。在两区三场建设方面，办公生活生产场区内集中配置整套消防设施，配备消防栓、灭火器、干砂、桶、铁铲等消防物品。施工现场使用的电焊机均设置防雨棚，配备消防器材，单台电焊机使用专用小推车，气瓶移运使用专用小推车，使用时用立放和防倾倒架固定。在水上水下作业方面，水下爆夯设置警戒船进行警戒，委托第三方进行爆夯振动影响监测，加强临时护岸、已安装沉箱的监测；水下整平潜水作业，及时关注水文、气象条件，以及周边项目船舶施工情况；陆上施工设备上驳组合作业编制专项施工方案；编制胸墙趁潮施工等专项方案。

8. 动态管理及创新与亮点

1）安全生产月活动

为开展好安全生产月各项活动，宣传好安全思想，切实落实企业的安全生产主体责任，项目部编制《“安全生产月”活动方案》，并紧按方案要求，结合项目实际，开展主题安全生产月活动。

在“安全生产月”专项活动中，对现场安全隐患的排查和治理，对施工现场进行安全专项检查，及时发现并整改安全隐患，确保项目部施工安全可控，做到安全生产。此外，还邀请专业人员到项目部开展“安全生产月”施工船水上安全作业培训，提升职工安全意识和能力。

2）爱心义诊活动

为进一步加强职工的健康意识，普及急救知识，项目部联合医院开展“爱心义诊进工地、志愿服务暖人心”的爱心义诊活动，为奋战在施工一线的劳务人员送上温暖和关爱。开工至今累计已开展两届义诊活动，累计体检员工达350人次。

3）平安工地建设

为深入贯彻关于加强安全生产工作的部署和要求，根据《关于开展公路水运工程平安工地建设活动的通知》要求，项目部成立以项目经理为组长、各部室主管为成员的平安工地创建领导小组，明确“平安工地”的创建目标，制订切实可行的活动计划和方案，积极推动“平安工地”建设活动扎实有序地开展。

项目部深入推进"平安工地"建设,逐月开展"平安工地"考核自评工作,按季度上报"平安工地"自评考核表,积极开展"平安工地"青年志愿服务活动。通过开展"平安工地"建设活动,做到施工现场安全防护标准化、场容场貌规范化、安全管理程序化,全面落实安全生产责任制,全面开展各项安全培训教育,有效控制施工安全风险,创建"零事故、零伤亡、零污染、零疫情"的"四零"工程,提升工程安全管理水平。

4)年终考核表彰

为了鼓励先进,树立典型,形成学先进、争上游的良好氛围,推动工程建设再上新台阶,项目部对管理科学、敢于创新、成绩突出的先进班组和兢兢业业、勤勤恳恳、尽职尽责、勇于奉献的先进个人进行表彰,促进项目在安全、质量上的管理更进一步。

以精益管理保障安全生产　以安全生产助推品质工程
——某通道工程A2标

一、工程概况

该项目路线全长约12.4km,其中本岛段长约3.1km,主线为双向6车道单箱双室钢筋混凝土箱形结构明挖隧道;跨海段长约4.5km,主线为双向8车道钢箱连续梁桥,墩身及承台采用预制结构;陆域段长约4.8km,为双向6车道钢筋预应力混凝土桥。

项目部基于公路工程的项目特性,结合项目在大型构件预制安装、临时设施标准化、施工船舶设备等方面的特点,从安全生产管理体系、安全管理制度、安全技术保障措施、应急管理,临时设施等方面落实了公路水运工程安全生产条件的基本要求。

二、典型做法

1.安全生产管理体系

1)建立健全安全生产管理体系

项目部为落实《中华人民共和国安全生产法》《建设工程安全生产管理条例》,贯彻"安全第一、预防为主、综合治理"的总方针,建立以项目经理为安全第一责任人的组织机构,形成公司、项目、施工队伍三级安全管理网络,各司其职。安全生产组织机构图和安全生产领导小组如附图2-1所示。

2)标准化、规范化、信息化管理

项目部组织结构架构完整,人员配备齐全,投入人员的资质、数量能满足工程需要,主要负责人和安全生产管理人员均持有交通运输部安全生产考核合格证书。

项目实行实名制、封闭式管理，针对班组管理过程中容易出现的问题，形成标准化的工人进退场流程，做到信息的全过程采集，形成规范的班组组织管理制度，特种人员全部要求持证上岗，并在公共平台上进行查询验真。首次作业前，进行劳动防护用品正确佩戴交底，如附图2-2所示。

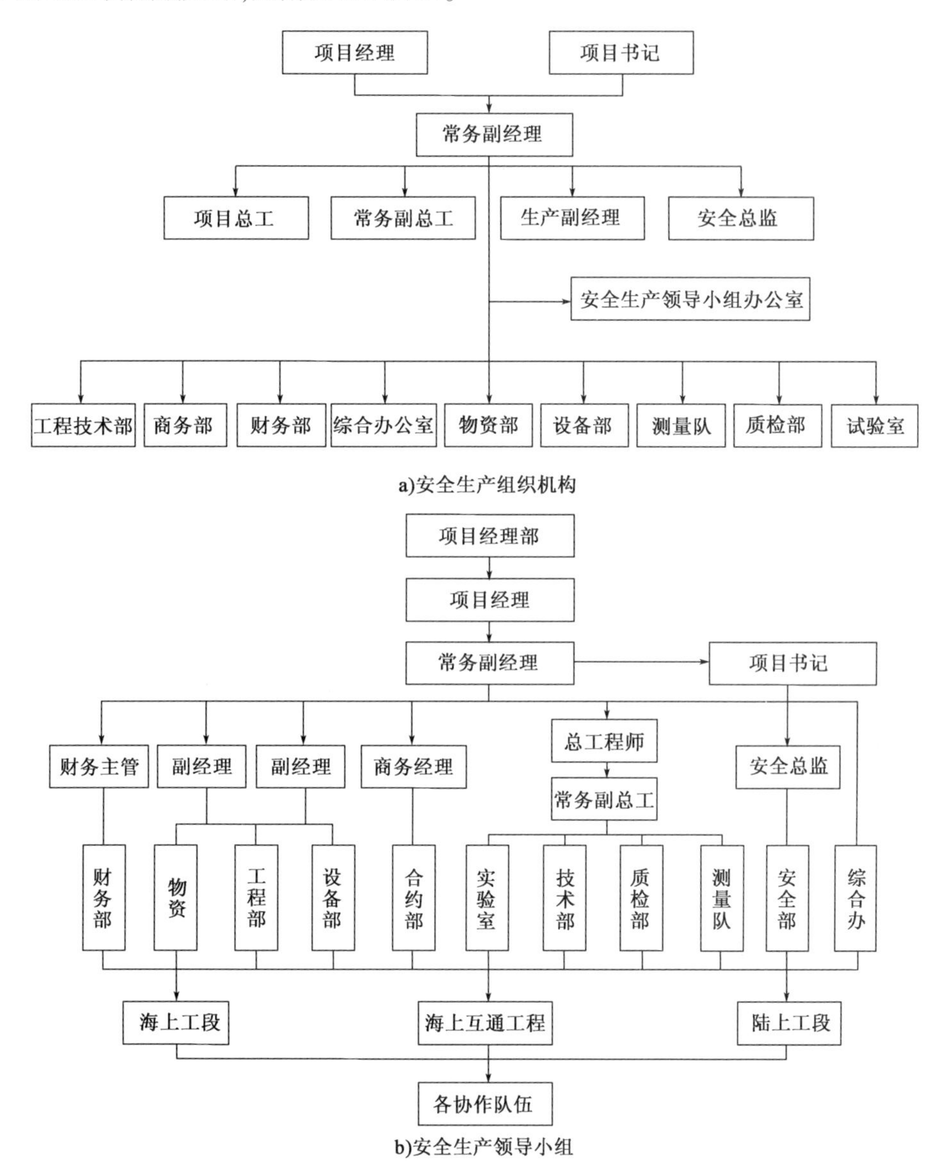

a)安全生产组织机构

b)安全生产领导小组

附图2-1　安全生产组织机构和安全生产领导小组框架图

附图 2-2　安全防护用品规范佩戴交底

3）确保安全生产费足额投入

根据国家相关文件规定，依照《公路水运工程安全生产监督管理办法》及《企业安全文明施工费用提取和使用管理办法》（财企〔2012〕16 号），项目安全生产费用主要用于施工安全防护用具及设施的采购和更新、安全防护措施的落实、安全生产条件的改善等，按照不少于工程造价的 1.5% 费用投入到安全生产中。为确保专款专用，每月向监理和建设单位报安全生产费用投入证明及使用明细，建立台账，待监理和建设单位审核通过后再按照工程进度款的 1.5% 进行支付，保证了安全投入的及时、到位、有效。

2. 安全管理制度

1）制度保障

为保障安全管理工作做到有"制"可依，有"章"可循，项目部制定了《安全检查制度》《安全教育培训制度》《安全责任制考核制度》等管理规定和制度，通过制度的落实和实施，规范了管理程序，确保安全管理处于有效实施状态。

2）体系保障

与协作单位进场项目部签订"安全生产协议书"，明确双方责任和权利；施工人员进场由项目部进行三级教育，项目部组织专项教育和考核，施工人员考试合格方可进入现场施工，同时发放劳保用品。每日进行安全巡查、每周进行周检查，且每月、节前开展安全大检查。定期开展安全生产例会，对近期的安全生产进行回顾、总结，并对下一阶段的安全工作进行部署。重要、关键工序开工前，对现场开工生产的安全条件、措施等进行检查，自检后向监理提出生产安全条件的审查，合格后方可进行分项工程的开工。项目领导班子轮流带班，对现场的安全、文明等全方面进行监督管理。

3)安全技术保障措施

(1)风险预控、危险源辨识

在工程开工初,由业主委托第三方进行施工安全总体风险评估,并根据评估结论提出相应的风险控制要求,及时组织相关人员进行危险源调查、风险辨识和评估,并开展专项风险评估。根据总体和专项风险评估报告采取危险源告知、进行危险源教育,编制安全专项方案、应急救援预案、日常监督检查等管理措施,实施重要危险源管理。将重大风险采用公示牌和现场教育交底的形式及时告知直接影响范围内的相关作业人员和班组长,提高作业人员的防范意识,确保施工安全。建立《风险源辨识与风险评价结果一览表》和《重要风险源及其控制计划清单》,针对性地制定控制措施,对重大风险源制定管理方案。

(2)方案编制评审到位

项目在开工前,编制、上报施工组织设计,并报监理单位审批;施工过程中结合施工安全风险评估结论、设计变更、工艺调整等要求完善和更新施工组织设计,明确安全技术措施和保障措施。

一般专项施工方案审批流程主要包括项目经理部技术人员编制→项目技术负责人审批→公司总工程师审批签字→专业监理工程师审批→总监理工程师审批→按照审批方案施工。

危险性较大分项工程施工方案编制及审批流程主要包括项目经理部技术负责人编制→公司总工程师审批签字→专业监理工程师审核→总监理工程师审核→专家论证完成修改完善→总监理工程师审批。

(3)隐患排查治理

项目按照专项活动要求,结合安全检查制度,成立"隐患排查治理"领导小组,全面深入地开展施工风险防控和隐患排查治理工作。重点对施工现场全面进行安全风险防控和隐患排查自查自纠治理工作,建立安全生产重大风险清单、重大隐患台账,制定并落实有效防范和治理措施,实现重大风险可控、重大隐患清零。

4)应急管理

(1)超前筹划、预控预警

项目部与当地气象部门签订气象预报和气象统计服务合同,获取气象、水利、海况、水文等预警信息,及时将预警发布给主要管理人员和一线人员,有效进行天气预警。与同安海事处组建了企业台,及时收集天气变化,做好施工区域船舶通航管控,落实施工船舶锚地,有台风预警时施工船舶及时撤离避台。与机场公安分局、医院、小学等部门和单位签订合作协议,将某小学作为防台防汛应急避险场所,该场所可满足约1000名员工生活住宿问题；项目部成为“保障社会联动单位”，配备抢险设施设备，组织应急抢险救援队，充分发挥项目部的优势，在有需要之时解决应急之需。气象发布与社区联动情况如附图2-3所示。

附图2-3 气象发布与社区联动

(2)物资保障、措施到位

结合施工、自然灾害等实际情况编制应急教育培训计划、综合应急预案、专项预案和现场处置方案，并上报监理和建设单位审批；配备充足的应急物资、救援设备及器材，并建立应急物资清单，定期进行检查维护。

项目部定期对职工和施工作业人员开展应急安全教育，按照演练计划开展应急演练，并对演练进行记录总结，提高项目部的应急响应和处置能力，如附图2-4所示。

附图2-4 防台防汛应急演练

5)临时设施

(1)标准化项目驻地及产业工人园建设

在工地建设中，坚持“综合考虑、因地制宜、统筹规划、安全舒适”的原则，合理规划施工现场的布置，按照观念最新、投入最少、形象最佳、效果最好的理念，推进工地建设标准化。项目部临时驻地的建设制定了施工方案，合理规划，选址科学适用，符合国家有关安全、卫生和消防等相关规定。办公生活区位于建筑物的坠落半径和塔吊等机械作业半径之外。在安全、经济、美观适用的条件下，按防台、抗雪、隔热及一般地区等使用需求进行建设。投入使用前经过建设单位单位和监理单位对消防设施和用电安全等的验收。

(2)钢筋加工集中配送、远程监控

施工结构物钢筋采用钢筋加工场进行集中加工，集中配送。钢筋加工场采用原管片厂的钢筋加工场，为钢结构封闭式钢筋加工场，根据施工需要分为材料堆放区、成品区和作业区，现场如附图 2-5 所示。钢筋进出执行登记制，原材料进场、加工成品和半成品出场由项目技术人员和监理确认后登记出场。钢筋场设有远程视频监控探头，接入项目电子沙盘系统。

附图 2-5　钢筋加工场

(3)信息化管理

工程建设全过程引入 BIM(建筑信息模型)技术辅助项目管理，如附图 2-6 所示。施工阶段根据项目施工进度分阶段完善建筑信息模型；配备工程建设监管一体化平台以及工程管理系统(含会议系统)，满足与省高速公路工程建设监管一体化平台和招标人工程管理系统内模块对接。配备工程管理系统，满足与招标人工程管理系统平台在计量管理、变更管理、合同管理与支付、进度控制、文档管理、考勤管理、工作联系单模块等对接。

附图 2-6　建筑信息模型

(4)临时用电标准化配置

根据施工现场用电要求,编制临时用电组织设计,并结合现场实际情况计算调整用电组织设计。施工现场用电符合“TNS 接零保护系统”、做到“一机一闸一漏一箱”,采用三级配电、二级漏电保护系统。采用标准化电箱,并设立警示标牌、责任牌和二维码检查记录等。电缆采用架空或穿管埋地敷设。

(5)钢栈桥人车分离、四通八达

某标段岸边施工互通区域受潮汐影响较大。通过优化设计方案,栈桥施工把匝道分区划分,用三条主线栈桥把所有匝道有机结合在一起,便于通行车辆与人员不受施工影响。栈桥临边护栏采用油漆和反光贴,上下游设置警示牌,四周设置警示灯带防止过往船舶发生碰撞,如附图 2-7 所示。

附图 2-7　栈桥人车分流

(6)设备进场验收及过程管理

项目部设置船舶、机械设备专职管理人员,建立设备管理台账,将外租和协作队伍的机械设备纳入项目部统一管理,定期检查和维护保养,如实填写维修保养记录,大型特种机械设备采用“一机一档”管理,作业人员全部持证上岗。设备进场前由相关部门进行验收各项安全装置、性能、状况、设备证件等,对设备进行风险辨识,制定预防和控制设备事故发生的技术和管理措施。

6)管理亮点

(1)视频培训工具箱

项目采用视频培训工具箱对作业人员开展安全教育培训工作,以生动的动画视频提高作业人员参加培训的积极性,使作业人员更能直观接收安全教育培训知识、提升安全意识。

(2)班前会及班前喊话

项目划分班组每天召开班前会,管理人员排班参加,提高班前会召开质量,实行班前喊话,班前会后“安全你我他,平安靠大家,加油,加油”的喊话形式提升班组安全意识，班前开展条件核查，录制视频，上传风险告知，项目领导在群内进行点评。

(3)安全生产隐患随手拍举报平台

开展安全生产隐患举报奖励，形成人人查安全、人人查隐患的良性氛围，项目搭建“安全生产隐患随手拍举报平台”，扫描二维码可参与，项目结合积分制活动根据隐患大小和隐患整改情况发放积分卡。

(4)积分制管理及班组评比

在月度安全例会上，表彰积分排名前五作业人员、综合积分第一的班组。

打通安全生产的最后一公里
——某高速公路工程建设

一、工程概况

该项目路线全长55.963km，主线桥梁总长8976.69m/31.5座，占路线总长的16.04%，其中特大桥1016.96m/2座，大桥6455.67m/20.5座，中、小桥239.4m/3座，分离式立交113.21m/1座，互通区主线桥1151.45m/5座。主线隧道总长31455.02m/19座，占路线总长的56.2%，其中特长隧道13891.52m/4座，长隧道13067.50m/7座，中短隧道4496m/8座，连接线设隧道307m/1座。

工程重难点主要在于①结构复杂、技术难度大全线桥隧比高(72.24%)，桥型结构多样化，波纹钢腹板结构新颖、矮塔斜拉主塔高、上承式钢拱桥跨径大，技术难度大。作为亚洲跨径最大的双塔双索面矮塔斜拉桥，桥梁位于深山沟壑间，大多数桩基位于悬崖峭壁上，作业面难以开拓，大型机械无法进场施工，只能靠最原始施工工艺或小型机械作业，施工进展缓慢，安全风险高。②山区环境复杂，施工难度大，项目按设计方案需铺设施工便道130多公里，为项目主线长度的2倍多，大部分位于悬崖峭壁上，坡度大，弯道半径小，临水临崖路段多，护栏、防撞墩数量多，便道维护成本高，开挖后坡面稳定性差边坡防护难，因此便道的施工、维护以及通行安全风险高。③工期紧、任务重，管理困难。项目施工工期受台风、疫情的影响较大，为实现2020年底陆域“县县通高速”的总目标，项目加班加点，确保总工期不变，紧张的施工工期为安全管理带来了极大的挑战。

二、典型做法

1.项目安全条件审核

1)安全组织机构

指挥部建立健全项目安全生产责任制度和安全生产管理体系，成立由指挥长为组长的高速公路工程安全生产领导小组，设立安全处作为专职安全管理机构，管理机构图，见附图2-8；参建单位按有关要求，建立安全生产管理体系，设立专职安全管理机构和配备专职安全管理人员。

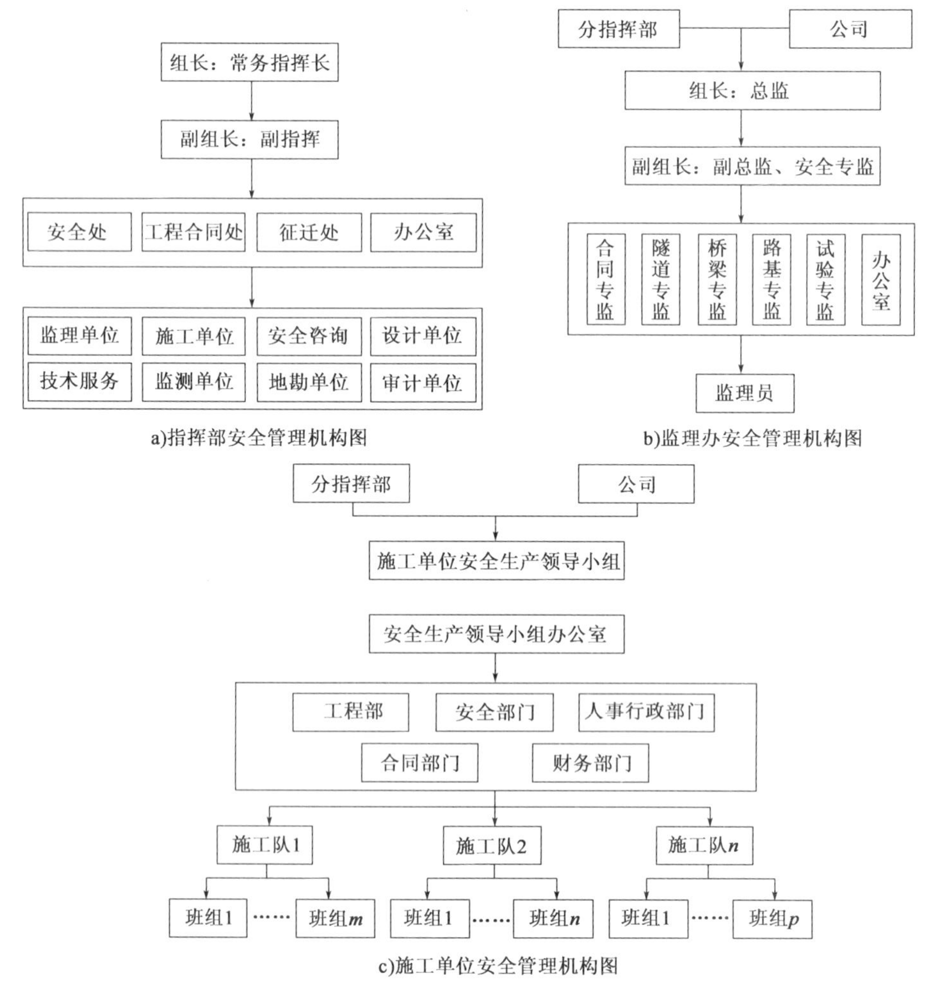

附图2-8　项目管理机构图

2）安全管理制度

（1）指挥部收集并整理国家安全生产法律、法规、条例、政策、上级安全生产行政管理和行业主管单位等文件并汇编成册，共7册4800多页，为项目安全管理制度查询提供便捷渠道，大大提高工作效率，使安全管理做到有规章可依、有制度可循、有办法可行。监理单位按照安全生产法律、法规的规定以及指挥部安全管理工作的要求，编制《安全生产监理大纲和监理计划》《安全生产监理实施办法》《安全监理实施细则》等12项安全管理制度。施工单位作为施工安全生产最重要的直接和主体责任单位，按照安全生产法律、法规的规定以及建设、监理安全监管工作的要求，制定完善详细的各项安全管理制度和安全操作规程。

（2）指挥部以防范安全事故为重点，加快健全隐患排查体系、风险控制体系和全员共治体系，真正落实"抓重点、抓班组、抓现场"工作举措，促进项目安全生产形势持续稳定好转。明确各层级职责，全面构建"安全生产网格化"管理体系，在三纵四横的基础上，进一步细化衍生为五纵五横，"五纵"指"指挥部、监理办、项目部、工区、工点"，"五横"指"预控管理、应急管理、隐患治理、综合管理、科技兴安"，形成了一级管一级，层层抓落实的安全管理体系，深化全员参与安全的理念，做到职责明确、落实迅速、执行有力。

在人员责任上，采取由上到下、责任分级的网格管理模式，即：明确指挥部、监理单位、施工单位的安全职责和要求；在各参建单位内部明确单位负责人、安全管理机构、安全管理人员的职责和要求；实行检查考核网格化，明确指挥部、施工、监理各方检查人员、检查频率、检查内容。

3）安全经费保障

指挥部梳理安全生产费用清单，完善安全经费计量程序。为规范安全生产费用计量行为，明确安全生产费用计量方法，细化安全生产费用使用清单科目，划清与其他主体工程计量界限，并为集团公司规范安全生产费用提供可参考依据，收集相关计量资料，通过与施工、监理、审计单位的充分沟通讨论，编制完成安全生产费用计量管理清单。

（1）一类台账：分指挥部建立了安全生产费用管理台账，对每个施工项目部的资料单独归档；同时也要求各施工项目部必须建立单独的安全生产费用管理台账，台账内容要求清晰、完整。

（2）两项制度：分指挥部制定了《安全生产费用管理制度》和《安全生产费用管理补充规定》，在省安全生产费用九大类的基础上，进一步细化了每个独立小类的计量规则，对存在歧义、模棱两可、单价不统一等问题进行了明确。

（3）三个计划：分指挥部要求各施工项目部开工前必须上报安全生产费用总体使用计划，每年上报年度安全生产费用使用计划，每月上报月度安全生产费用使用计划。通过上报使用计划，有重点、有针对性地提前谋划安全生产费用的投入，确保工程进展到哪一步，相应的安全管理措施已经提前落实到位。

（4）四项原则：分指挥部按照"规范计取、合理计划、确保需要、严格审查"四项基本原则，对各施工项目部的安全生产费用进行日常监管，做到专款专用，不得擅自侵占或者挪用。

(5)五步流程:高速项目安全生产费用计量与支付的总体流程见附图2-9。通过这五个步骤,层层把关,保证安全生产费用切实投入、合理计取。

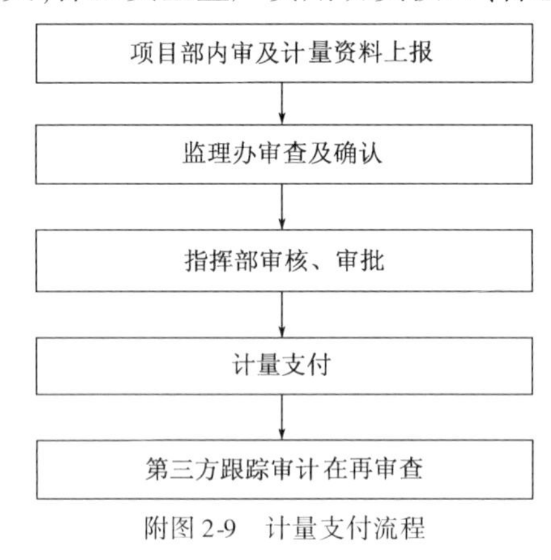

附图2-9 计量支付流程

(6)六张报表:分指挥部制定了一整套安全生产费用管理报表,共6张表格,分别为:《安全生产费用计划申报表》《安全生产费用计量审批表》《安全生产费用计量支付清单》《(费用使用细目)安全生产费用支付清单物资验收表》《安全生产费用票据(资料)复印件》《安全生产物资投入使用照片》,对上报的计量资料格式及内容进行了规范统一。

2. 安全技术保障

1)安全风险预控

本项目施工组织困难,作业安全风险较高,在工程实施前,委托相关单位成立评估工作小组,对本项目开展施工安全总体风险评估工作。施工安全总体风险评估工作参照交通运输部《公路桥梁和隧道工程施工安全风险评估指南(试行)》和《高速公路路堑高边坡工程施工安全风险评估指南》中的方法,结合施工图设计文件、详勘报告等,以指标体系法为主线进行风险评估,综合运用预先危险性分析法、专家评议法、事故案例类比法等评估方法进行风险分析。通过开展定性或定量的施工安全风险估测,查找、分析和预测工程中存在的危险因素及可能导致的事故严重程度,提出合理的安全对策,指导危险源监控和事故预防,增强安全风险意识,改进施工工艺,规范预案、预警、预控管理,有效降低施工风险。

2)隐患排查治理

安全检查是建立良好的安全作业环境和秩序,发现和预防生产环节事故隐患的重要手段之一,其目的在于发现不安全因素的存在状况。指挥部总结出一套适合项目的检查制度和措施,包括开复工前安全检查、定期检查、专项检查、经常性检查、季节性检查及第三方季度综合检查。安全事故隐患排查治理应以防范脚手架、起重机械事故和规范安全防护用品的使用为重点，主要内容包括：一是模板支撑系统的施工方案的编制、审批、专家论证、交底、验收等情况；二是起重机械的备案登记、安装拆卸、检测、验收、使用、维修保养等情况；三是安全帽、安全带和安全网等安全防护用品的采购、查验、检测、使用情况。

3. 应急管理

1）应急准备

指挥部成立以指挥长为组长、副指挥长为副组长、各处室为成员的应急组织机构，并要求各参建单位成立各自应急领导小组，项目部均成立了兼职应急救援队伍并积极与当地营救救援部门沟通，借助专业队伍的协助，及时完成高墩施工的勘测布控和高空作业期间的应急救援。项目线路长，属地多，交通错综复杂，地形地势多变；根据不同标段不同作业位置，经实地考察，在沿线选择避难点和避难路线，绘制应急避险作战图，在地图上精确标注线路及位置。各作业点以标段和就近为原则，在遇到台风、暴雨、泥石流等自然灾害时，进行有序避险。

2）应急预案编制

项目建设初始，指挥部依据《中华人民共和国安全生产法》及省市质监部门有关安全生产管理的相关要求，编制了《项目综合应急预案》《"三防"应急预案》等应急救援预案，并结合项目实际及当前项目建设的特点，及时组织相关人员修订指挥部应急预案，调整应急处置人员，完善应急处置程序，明确信息报告及后期处置相关要求，增强应急预案针对性和可操作性。

3）应急预案演练

指挥部根据施工现场实际需要，有针对性地开展了应急演练活动。如"2018年度市交通建设工程隧道坍塌应急演练现场会""森林火灾消防应急救援演练""高温中暑应急演练""高处坠落应急演练""便道坍塌应急演练""隧道通车交通事故起火应急演练"等演练活动。

4. 临时设施和设备

1）两区三场

两区三场在施工前，根据交通运输部《公路水运工程施工安全标准化指南》相关规定，结合项目实际，指挥部制定出台了一系列两区三场设施建设标准，从源头上规范临建工程安全设施标准，实行标准化管理。

项目部编制临建设施设计和施工方案，方案中对选址的地形地质条件、周边环境、水文条件、既有建筑、线路管道、社会影响及存在的危险源等做出综合分析，对存在安全隐患的选址进行地质灾害风险评估，避开地质灾害易发区域、远离河道、洪涝区，靠近施工现场，方便管理。方案项目部自查完成后上报监理单位和指挥部审查。审查重点为临建设施的选址、规划、施工工艺和安全设施的配备，方案经监理单位和指挥部审查合格后，方可施工。施工完成后，指挥部联合监理单位对临建设施进行统一验收，验收合格后方可投入使用。

2）临时用电

结合实际现场调研各单位编制临时用电与永久用电结合的施工组织设计，确定总配电房、电源进线、总配电箱、分配电箱的位置及线路定向，进行负荷计算，选择变压器容量和导线截面，制定安全用电技术措施和电气防火措施，经相关部门审核及技术负责人批准后实施，并不定期邀请电力专家对全线管理人员、电工进行临时用电安全培训。项目在传统的临时用电基础上大力推广“智慧用电”，增加安全巡检、实时检测、安全报警、漏电自检模块，大大增强了施工现场临时用电的安全管理力量。

3）便道

项目施工地点大多处于地势陡峭的深山，施工材料运输和临时工程难度大，交通极其不便，施工便道总里程达130多公里，大部分位于悬崖峭壁上，坡度大，弯道窄，临水临崖路段多，安全风险高。便道安全管理运用现代科技建立施工便道智能预警让行系统，该系统申报的《山区高速公路施工便道风险管控典型做法》获交通运输部2019年“平安交通”创新案例“优秀案例”。便道线路长，管理难度大，为落实管理责任，强化管理效果，实施“路长制”，落实专业养护，责任人对便道的路况、隐患排查及治理、突发事件的处置等负责。做到路面修复、隐患排查及治理、安全防护设施维护、本工区人员的教育培训等各项工作落到实处。

4）机械设备

（1）特种设备推行“一机一码”清单化管理。项目特种设备数量多、种类杂、分布广，安全管理压力巨大。为加强特种设备管理，指挥部引入特种设备第三方单位，建立特种设备台账清单，实行人员操作证、设备使用登记证和合格证“三证合一”，按照“一机一码”的要求，建立电子身份证（二维码），并设置在施工现场醒目位置，大大降低指挥部、监理办管理难度，提高了工作效率。塔机吊钩盲区可视化引导系统，扫除了起重吊装的盲区，提高了安全性能。

（2）隧道施工过程中，按照“立足实际、创新理念、自主设计、联合研发、调试改进”的设备研发理念，改进多功能拱架安装台车、自行式二衬模板台车等隧道施工专用设备机具，推动了隧道施工从“人海战”向“机械化集群作业”变革，减少了工人作业强度和接触隧道施工危险源的接触频率，提高了作业安全性。

（3）施工现场为避免机械伤害和车辆伤害，各标段施工现场所有装载机、挖掘机均安装盲区可视辅助系统（俗称倒车影像），运输车辆增设右侧盲区预警雷达辅助系统，确保场内机械与运输车辆施工安全。

5. 安全生产管理工作创新

1) BIM 技术应用

项目某特大桥拱上立柱原设计按 8m 一段进行吊装，全桥共吊装 93 次，涉及空中立柱焊接作业 106 处，为减少空中焊接作业，项目部通过 BIM 建模创新性提出了立柱平吊竖转工艺，在加工场内胎架上，将立柱吊装节段长度加长到最长 27m，吊装次数缩减为 23 次，空中焊接作业缩减为 10 处，成功通过技术创新降低了高空作业风险，《立柱空中平吊竖转工艺》已成功申请工法和专利。大桥 BIM 模型见附图 2-10。

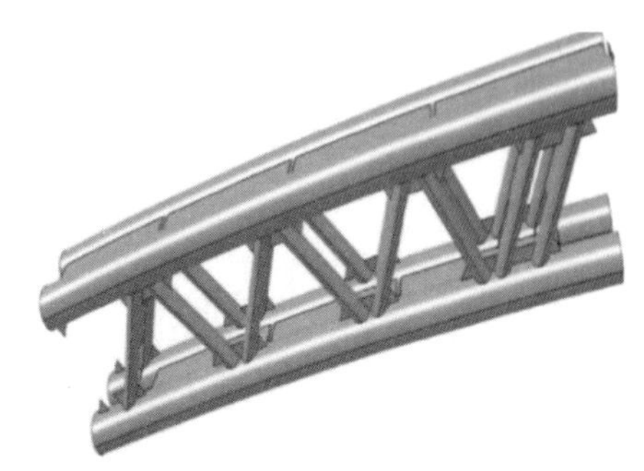

附图 2-10　大桥 BIM 模型

2) PLC 控制系统

特大桥全面引入了 PLC 智能集成控制系统，全部 20 台卷扬机，通过 0.5㎡的操作台实现全部吊装操作。可编程 PLC 控制系统是整个临时架空货运索道运行的核心，通过编程实现索道运输手动、自动控制，并利用监控设备实行远程监控。PLC 控制系统运用实现了临时架空货运索道系统稳定、安全、可靠运转；提高了工作效率，减少了工人操作的事故率，进一步提高了项目的安全管控。PLC 控制室和智能集成控制中心分别见附图 2-11 和附图 2-12。

附图 2-11　PLC 控制室

附图 2-12　PLC 智能集成控制中心

融合式教育　精细化管理　助益安全生产管理
——某连接线项目

一、工程概况

该项目路线全长24.6km,采用双向四车道,设计100km/h,路基宽度26m,概算投资26.8亿元。共设互通式立交4座,特大桥2座,大中桥5座,涵洞11道,主线上跨分离式8座,主线下穿分离式2座,天桥7座,通道16座,服务区1处,独立匝道收费站1处,收费站、管理工作站、养护工区及道路救援清障点综合体1处。

安全生产管理重难点:一是本项目地处省会城市四环内,人口稠密、与十余条地方道路交叉,部分地方主干道施工期不允许中断交通,项目交叉作业安全和被交路通行安全压力较大;二是项目全程与高铁线路并行,部分段落两条线路间距只有40m,此外线路2次跨越铁路,临铁路、跨铁路施工是项目安全管理重点;三是项目内高压输电线众多,其中需改移的高压线有48条,临高压线路施工、高压线改移对项目和铁路的影响,是项目必须重视的安全风险点;四是项目起点和终点均通过互通立交连接既有高速公路,对既有高速的拼宽连接和交通封闭是项目要严格把控的环节。

二、典型做法

1.两区三厂建设

该项目是交通部品质工程专项攻关行动"两区三厂"建设安全标准化攻关的成员单位。项目将《"两区三厂"建设安全标准化指南》成果纳入"两区三厂"建设方案,结合项目实际情况,遵循安全第一、科学规划、因地制宜、永临结合、经济适用、绿色环保的原则,全力做好场站建设。

1)场站选址

项目周边可作为临时厂站建设的用地十分有限。针对北方寒冷地区两区三厂选址及规划,充分考虑冻害对基础结构的影响,活动板房和轻型钢筋加工厂结构按相关规范充分考虑雪荷载的影响。

2)厂区设置

"两区"与"三厂"分区设置,生活区房屋纵横排间距满足消防安全距离,生活区禁止设在拌和厂水泥罐、钢筋厂桁吊、预制厂龙门吊周边倾覆1.5倍范围内。"两区三厂"统筹设置消防应急通道,满足宽度及回车要求,厂区按风险等级分区管理,严格落实风险防控措施,安全警示、告知标牌设置齐全。

3)临时用电

施工现场用电符合"T-N-S接零保护系统",三级配电二级保护,严格落实"一机一闸一漏”。采用标准化配电箱,并设立警示标牌、责任牌和二维码检查记录,所有二、三级配电箱均增加一层隔离防护;厂区内主干线缆全部采用地埋方式铺设并配置专职电工负责厂区用电维护及日常检查。

4)设备管理

针对特种、大型设备,强化安、拆施工资质审查,抓好设备基础受力验算,实行“定人定机”“一机一档”管理。监督承包单位聘请有资质的企业进行设备安装、拆卸,严格按规定进行设备验收、报检,严格做好挂篮、爬模等非标专用设备的联合验收工作。

5)动态监控

在场站安全管控重点区域安装视频监控,监控信息实时接入 BIM + 建设管理平台,全程监控场站安全生产情况,强化安全管理的实效性和可追溯性,视频监控系统如附图2-13所示。

附图2-13　视频监控系统

2. 现场安全防护标准化

由于本项目地处省会城市四环内,相对人口稠密,主线与地方路交叉较多。为进一步规范安全管理,在“两区三厂”建设安全标准化的基础上,在本项目推行现场安全防护标准化。全线交叉路口、临边防护、高空作业等方面的安全防护设施进行统一要求,切实保障项目施工安全和地方百姓出行安全。

1)路口安全防护

与地方道路的交叉路口全线统一规范设置,配备齐全的安全防护设施和警示标志,防护方案经交警和路政部门共同审核确定。

2)高空作业

对高空作业平台进行统一要求,规范设置作业平台、安全防护、安全爬梯,长时间使用的爬梯配有门、锁封闭管理，避免非作业人员进入，如附图 2-14 所示。

a)

b)

附图 2-14　高空作业平台及防护网

3）临边防护

全线统一制作临边防护护栏，应用于基础开挖、桩基施工、机械作业等存在安全风险的区域，要求防护栏基础稳定、连接牢固、封闭完善。

4）危险品管理

规范设置危险品存放区；施工现场使用手续齐全的加油车进行日常加油；现场氧气、乙炔分区隔离存放，现场使用过程中采用全线统一的氧气、乙炔瓶运输推车进行搬运，降低安全风险。

3. 融合式安全教育

安全培训教育是保障项目建设安全的基础，本项目采用培训学校、安全体验馆、安全超市结合的融合式安全教育，切实提高参建人员安全意识、安全技能。

1）培训学校

首次在建设项目将工地安全培训提升到学校层面，制定详细的培训计划，聘请行业专家进行授课，严格开展培训考核，在每期学员完成学习任务后举办毕业典礼，颁发结业证书，累计完成 60 个专题、8450 人次的安全培训。

2）安全体验馆

安全体验馆分为 VR 虚拟体验馆（附图 2-15）和实景体验区（附图 2-16）两部分，让学员身临其境地体验安全风险和事故场景，切实提高安全意识。

3）安全超市

在厂站内设有安全超市，对各类安全防护用品的使用方法进行展示说明，并配备数量充足的日常防护用品，及时保障施工人员安全，如附图 2-17 和附图 2-18 所示。

附图 2-15　VR 虚拟体验馆

附图 2-16　实景体验区

附图 2-17　灭火器使用展示

附图 2-18　安全超市

4. 安全费用管理

根据国家相关文件规定，工程招标时即明确安全生产费用依照《公路水运工程安全生产监督管理办法》《企业安全文明施工费用提取和使用管理办法》要求，费率不得低于投标报价的 1.5%。本项目实施安全费用清单化管理，借鉴其他省份先进经验和本省既往项目的安全费使用数据，编制出台了《安全生产费用管理办法》。对安全生产费提取、使用、计量全流程严格管理，编制《安全生产费用清单及计量规则》(附图 2-19)，要求承包单位在进场之后根据清单项目，结合工程实际情况细化清单细目，严格执行费用使用计划，确保安全费用如实投入，安全设施合理使用、设置有效。

5. 标准化班组

在项目建设标准化施工班组，执行班前交底、排查，班中品控、巡检，班后整理、总结的三阶段管理，各环节对应标准工作清单，有效规范作业行为，提高工艺水平，保障生产安全。

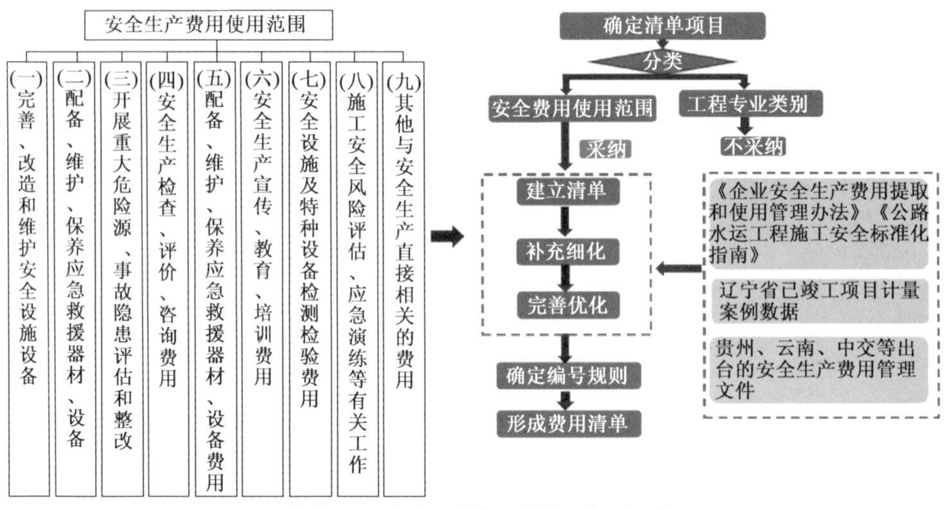

附图2-19　安全生产费用清单及计量规则

创新安全生产条件　核查信息化管理
——某高速公路项目

一、工程概况

该项目全长32.398km,其中主线长21.562km,支线长10.836km,设独立特大桥3座,大桥41座,桥梁占路线总长的100%,为该地区核心区域互联互通的特大型桥梁工程和跨江通道体系的重要组成部分。设计速度100km/h,双向六车道,总投资200.5亿元。共设互通9处,其中枢纽互通5处,服务型互通4处。

二、典型做法

1.安全管理思路

项目安全生产管理工作以风险预控及隐患排查为核心,以本质安全为基础,结合法律法规的要求,以全员安全生产责任制为主线,以智慧化管理平台为手段,强化"人因""物因""管理"的本质安全,实现全员、全过程、全方位、全天候的高速公路工程建设项目安全管理,推进安全生产的标准化、动态化、智能化。安全生产管理工作应围绕大力提升项目安全生产水平、有效防范遏制各类生产安全事故、提供可靠的安全生产环境保障而展开。

2.安全生产条件核查实施

1)创新条件核查信息化管理

项目安全生产条件核查采用"本质安全"智慧管理系统进行核查,通过信息平台发起检查通知,推送至相关单位。核查时逐一对照软件上安全生产条件核查的各项要求,并进行评判。不符合要求的要求整改,整改责任单位整改完成后通过软件进行整改回复,建设单位或监理单位对施工单位整改情况进行复查。符合要求后允许施工作业。

危险性较大的分部分项工程开工前,监理单位按照《高速公路项目“平安工地”建设方案》要求,通过本质安全 App 开展危险性较大的分部分项工程施工前安全生产条件核查,不符合要求的要求整改,施工单位整改完成后通过软件进行整改回复,监理单位对施工单位整改情况进行复查,复查合格后,监理单位签发分项工程开工报告。

(1)建设单位对监理单位工程项目开工前安全生产条件核查。项目开工前,高速管理处通过本质安全 App 对 JL1 总监办开展安全生产条件核查,见附图 2-20,建设单位核查监理单位见附图 2-21。

附图 2-20 对总监办发起核查　　附图 2-21 建设单位核查监理单位

(2)建设、监理单位对施工单位安全生产条件核查,见附图 2-22,不符合安全性要求的检查结果见附图 2-23。

(3)监理单位对施工单位危险性较大的分部分项工程施工前安全生产条件进行核查,见附图 2-24。

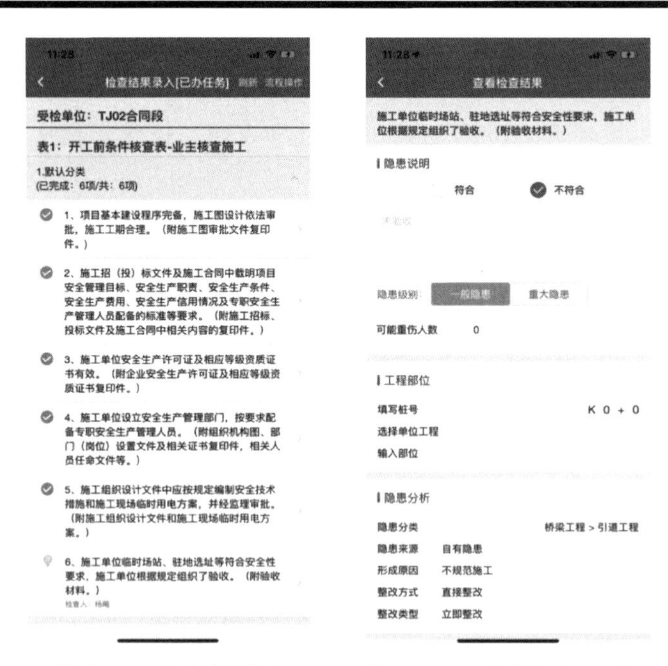

附图 2-22 建设单位核查施工单位

附图 2-23 不符合安全性要求的检查结果

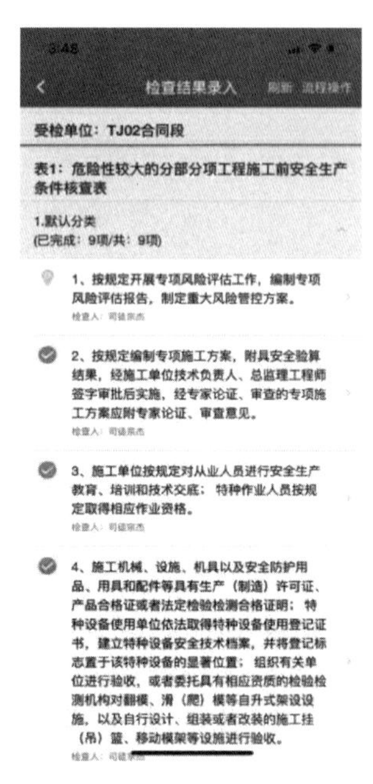

附图 2-24 危险性较大分部分项工程施工前的核查

2)安全条件首件认可制

(1)实施要点

①“安全首件认可制”是对每一个分项工程,在开工前,从安全教育培训、安全技术交底、设备进场报验、安全防护措施、安全操作规程等方面进行分析、论证。按施工方案中的安全技术措施要求先完成样板工程,随后对施工过程中的各项安全管理活动进行评价,并对结果进行分析、对比,再对施工方案安全技术措施、现场安全控制要点进行修改完善,满足施工安全要求后允许作业。

②按照“预防为主,先导试点”的原则,对首件工程的各项安全技术指标进行综合评价,确定最佳安全管理模式,建立安全标杆工程,以指导现场安全生产,预防和纠正后续施工中可能产生的安全问题。

③从工序上以分项工程安全确保分部工程安全,以分部工程安全确保单位工程安全,以单位工程安全确保总体施工安全生产处于受控状态。

④以分项工程为基本单位,凡未经安全首件工程认可的分项工程,一律不得施工。

(2)实施范围——以项目TJ02标某特大桥为例

①分项工程

首件认可制的实施范围主要包括:桩基钢筋加工及安装,桩基、钢板桩围堰、钢板桩围堰混凝土封底,承台钢筋加工及安装,承台、墩柱钢筋加工及安装,墩柱、盖梁钢筋加工及安装,盖梁预应力筋加工和张拉,挡块钢筋加工及安装,支座垫石钢筋加工及安装,索塔钢筋加工及安装,防撞设施、索塔钢锚梁箱节段制作,索塔钢锚梁箱节段安装,横梁预应力筋加工和张拉,索塔劲性骨架制作,索塔劲性骨架安装,斜拉索制作与安装,钢梁制作与安装,支座安装,护栏制作与安装,伸缩缝制作与安装,索塔涂装,钢梁涂装,钢箱梁处湿系统制作,钢箱梁处湿系统安装,斜拉索处湿系统制作,斜拉索处湿系统安装,检修平台,防雷接地。

②安全首件类型

安全首件类型主要包括:安全围蔽、临边安全防护、安全爬梯、安全通道、作业平台、钢筋绑扎平台、盖梁施工平台、临时用电(含固定场站、野外施工)、隔离设施、警戒设施、防撞设施、防护棚、抗风设施、支架设施、电缆敷设设施、张拉挡板、防护罩等(含现场安全警示标识)。

③其他

所有分部分项工程开工前必须满足以下条件:①按规定编制了专项施工方案并完成审批;②与从业人员订立了劳动合同,载明保障从业人员劳动安全、防止职业危害等事项，已对现场施工人员进行了安全生产教育、安全技术交底、特种作业人员按规定取得相应作业资格、签订风险告知书；③施工机械、设施、机具以及安全防护用品、用具和配件等具有生产（制造）许可证、产品合格证或者法定检验检测合格证明，特种设备使用单位依法取得特种设备检测合格报告并完成验收；④按规定编制合同段施工专项应急预案和现场处置方案，现场配备必要的应急救援器材、设备和物资；⑤已按规定办理完成跨线施工、交通管制及水上水下作业等相关手续；⑥已为从业人员购买工伤保险、为危险性较大的作业岗位人员购买意外伤害险。

参考文献

[1] 国际标准. 风险管理　指南:ISO 31000:2018[S]. 北京:中国标准出版社,2020.

[2] 中华人民共和国国家标准. 标准化工作导则　第1部分:标准化文件的结构和起草规则:GB/T 1.1—2020[S]. 北京:中国标准出版社,2020.

[3] 中华人民共和国国家标准. 风险管理　术语:GB/T 23694—2013[S]. 北京:中国标准出版社,2020.

[4] 中华人民共和国国家标准. 职业健康安全管理体系要求及使用指南:GB/T 45001—2020[S]. 北京:中国标准出版社,2020.

[5] 中华人民共和国行业标准. 公路水运工程施工安全风险评估指南　第1部分:总体要求:JT/T 1375.1—2022[S]. 北京:人民交通出版社股份有限公司,2022.

[6] 中华人民共和国行业标准. 公路水运工程施工安全风险评估指南　第5部分:港口工程:JT/T 1375.5—2022[S]. 北京:人民交通出版社股份有限公司,2022.

[7] 中华人民共和国行业标准. 公路水运工程施工安全风险评估指南　第6部分:航道工程:JT/T 1375.6—2022[S]. 北京:人民交通出版社股份有限公司,2022.

[8] 中华人民共和国行业标准. 公路水运工程施工安全风险评估指南　第7部分:船闸工程:JT/T 1375.7—2022[S]. 北京:人民交通出版社股份有限公司,2022.

[9] 中华人民共和国行业标准. 公路水运工程安全生产条件通用要求:JT/T 1404—2022[S]. 北京:人民交通出版社股份有限公司,2022.

[10] 中华人民共和国行业标准. 公路水运工程生产安全事故应急预案编制要求:JT/T 1405—2022[S]. 北京:人民交通出版社股份有限公司,2022.

[11] 中华人民共和国行业标准. 公路工程施工安全技术规范:JTG F90—2015[S]. 北京:人民交通出版社股份有限公司,2015.

[12] 中华人民共和国行业标准. 公路路基施工技术规范:JTG/T 3610—2019[S]. 北京:人民交通出版社股份有限公司,2019.

[13] 中华人民共和国行业标准. 公路桥涵施工技术规范:JTG/T 3650—2020[S].

北京:人民交通出版社股份有限公司,2020.

[14] 中华人民共和国行业标准.公路隧道施工技术规范:JTG/T 3660—2020[S].北京:人民交通出版社股份有限公司,2020.

[15] 中华人民共和国行业标准.水运工程设计通则:JTS 141—2011[S].北京:人民交通出版社,2011.

[16] 中华人民共和国行业标准.水运工程施工通则:JTS 201—2011[S].北京:人民交通出版社,2011.

[17] 中华人民共和国行业标准.水运工程施工安全防护技术规范:JTS 205-1—2008[S].北京:人民交通出版社股份有限公司,2015.

[18] 中华人民共和国行业标准.疏浚与吹填工程施工规范:JTS 207—2012[S].北京:人民交通出版社,2012.

[19] 中华人民共和国行业标准.建筑施工高处作业安全技术规范:JGJ 80—2016[S].北京:中国建筑工业出版社,2016.

[20] 中华人民共和国行业标准.钢管满堂支架预压技术规程:JGJ 194—2009[S].北京:中国建筑工业出版社,2009.

[21] 中华人民共和国行业标准.建筑施工承插型盘扣式钢管脚手架安全技术标准:JGJ 231—2021[S].北京:中国建筑工业出版社,2021.

[22] 中华人民共和国行业标准.建筑施工起重吊装工程安全技术规范:JGJ 276—2012[S].北京:中国建筑工业出版社,2016.

[23] 中华人民共和国行业标准.建筑施工易发事故防治安全标准:JGJ/T 429—2018[S].北京:中国建筑工业出版社,2018.

[24] 水运工程施工标准化示范创建工作指导组.水运工程施工标准化建设指南　施工工艺篇(码头工程)[M].北京:人民交通出版社股份有限公司,2018.

[25] “两区三厂”建设安全标准化指南编写组.“两区三厂”建设安全标准化指南[M].北京:人民交通出版社股份有限公司,2019.